Mein Garten Monat für Monat

Was ist wann zu tun?

SEBASTIAN FUCHS

blv

Inhalt

Mein Garten im Jahreslauf .6
Der Aufbau dieses Kalenders .6
Fließende Übergänge .6
Unterschiedliche Klimabereiche .7
Welche Rolle spielt die Klimaveränderung .8
Die Witterung beobachten .8
Der richtige Zeitpunkt .9

JANUAR 10

Allgemein .12
Ziergarten .13
Den Garten gestalten .14
Balkon & Terrasse .16
Nutzgarten .17
Die beliebtesten Gemüse .18

FEBRUAR 20

Allgemein .22
Aussaat in geschützter Vorkultur .23
Ziergarten .25
Balkon & Terrasse .27
Nutzgarten .28
Prinzipien des Obstgehölzschnitts .30

MÄRZ 32

Allgemein .34
Der Boden und seine fachgerechte Bearbeitung .35
Ziergarten .37
Hecken .39
Sommerblumen .40
Balkon & Terrasse .42
Nutzgarten .43
Anbauplanung im Gemüsebeet .46

APRIL 48

Allgemein .50
Fachgerechte Düngung .51
Ziergarten .53
Blumenbeete – attraktiv arrangiert .54
Rasen- und Wiesenflächen anlegen .56
Balkon & Terrasse .58
Nutzgarten .59

MAI 62

Allgemein .64
Regelmäßige Rasenpflege .65
Ziergarten .67
Balkon & Terrasse .69
Mit Pflanzen gestalten .70
Nutzgarten .72

JUNI 74

Allgemein .76
Ziergarten .78
Rosen für alle Fälle .80
Lebensräume mit Wasser gestalten .82
Balkon & Terrasse .84
Nutzgarten .85

JULI 88

Allgemein .90
Bewässerungshilfe für den Alltag .91
Ziergarten .93
Balkon & Terrasse .94
Nutzgarten .95
Kräuter .98

AUGUST 100

Allgemein .102
Ziergarten .103
Balkon & Terrasse .104
Nutzgarten .105
Obstanbau im eigenen Garten .107

SEPTEMBER 110

Allgemein .112
Ziergarten .114
Zwiebelblumen .115
Balkon & Terrasse .117
Nutzgarten .118
Fachgerecht ernten .120

OKTOBER 122

Allgemein .124
Erfolgreich kompostieren .125
Ziergarten .127
Balkon & Terrasse .129
Die Überwinterung von Kübelpflanzen .130
Nutzgarten .133

NOVEMBER 136

Allgemein .138
Ziergarten .140
Nutzgarten .142
Lagerobst aufbewahren .144

DEZEMBER 146

Allgemein .148
Ziergarten .149
Nutzgarten .150
Pflanzenschutz im Hobbygarten .152

Bezugsquellen und Adressen .154
Stichwortverzeichnis .156
Impressum .159

Mein Garten im Jahreslauf

Auch wenn uns manche unangenehmen, anstrengenden oder scheinbar undankbaren Arbeiten stöhnen lassen mögen: Schon aus geringer Distanz betrachtet, erweist sich das Gärtnern in vieler Hinsicht als eine äußerst erstrebenswerte Freizeitbeschäftigung. So ist die kreative körperliche Betätigung an der frischen Luft ein wertvoller Ausgleich, nicht nur für die vielen Schreibtischarbeiter. Wir setzen uns mit der uns umgebenden Natur auseinander und gewinnen dabei auch ein neues Verhältnis zu Pflanzen, Tieren und ihren Lebensbereichen. Außerdem können wir Obst, Gemüse und Kräuter giftfrei anbauen und frischer ernten, als es uns irgendein Erzeuger liefern könnte.

Doch leider sind unserem Tun Grenzen gesetzt: Wir können in unserem Garten nicht nach Belieben Orchideen und Strelitzien blühen, Papayas und Bananen reifen lassen. Das lässt unser mitteleuropäisches Klima nicht zu, und sei es noch so begünstigt durch eine vorteilhafte Lage am See oder durch warme, schützende Wände. Auch wenn wir nicht wissen, zu welchen Blüten uns der Klimawechsel noch treibt: Wir müssen vor allem mit einem Winterhalbjahr zurechtkommen, in dem Temperaturen unter –20 °C keine Seltenheit sind. Und das begrenzt die Entwicklungsmöglichkeiten zahlloser Pflanzen aus anderen Erdteilen, die eine längere Wachstumsphase benötigen und solchen Frösten nicht standhalten.

Dauer und Einfallswinkel des Sonnenlichts ändern sich im Laufe des Jahres und lenken den Rhythmus der Vegetation.

DER AUFBAU DIESES KALENDERS

Der vorliegende Kalender soll dazu dienen, Einsteigern, aber auch erfahrenen Gärtnern einen Überblick zu verschaffen über die Fülle an Möglichkeiten und Aufgaben, die innerhalb eines Gartenjahrs anfallen, sie daran zu erinnern und die wichtigsten Vorgänge zu erläutern.
Zu diesem Zweck ist dieser Arbeitskalender zunächst in die 12 Monate gegliedert, dann in die Themenbereiche »Ziergarten«, »Balkon« und »Nutzgarten«. Unter »Allgemein« sind alle Tätigkeiten zusammengefasst, die die vorgenannten Themen gleichermaßen betreffen, wie zum Beispiel Vermehrung, Bewässerung usw. Jedem Unterkapitel sind zudem Schwerpunktthemen zugeordnet, die einer ausführlicheren Behandlung bedürfen.

FLIESSENDE ÜBERGÄNGE

Über die Zuordnung einzelner Arbeiten zu einem bestimmten Bereich könnte man manchmal diskutieren, weil beispielsweise Erdbeeren eigentlich im Gemüsebeet angebaut werden oder bestimmte Blumen sowohl auf dem Balkon als auch im Blumenbeet gedeihen. Noch weitaus schwieriger wird es mit der zeitlichen

Zuordnung – und die ist eigentlich das Kernstück eines Kalenders. Die von Monat zu Monat gezogenen Grenzen bzw. die empfohlenen Termine beziehen sich auf den Durchschnitt der bisherigen Erfahrungswerte. Aber angesichts der Vielfalt unserer Landschaft und nicht zuletzt der Umwälzung der über Jahrhunderte gewohnten Witterungsverläufe sollte man sich nicht unbedingt nur auf die nackten Kalenderdaten verlassen.

UNTERSCHIEDLICHE KLIMABEREICHE

Befindet sich Ihr Garten weder in der Nähe eines großen Gewässers noch in einer besonderen Höhenlage, dann ist die Chance groß, dass er mit den Durchschnittsangaben dieses Kalenders ohne Probleme zurechtkommt.

Liegt unser Grundstück hingegen an der Meeresküste, dann fängt die frostfreie Periode deutlich früher an. Allerdings wird es in solcher Lage nicht so schnell warm wie im Weinbaugebiet an Elbe, Main und Rhein oder am Bodensee, der geschützt am Alpenrand liegt. Dessen Vegetation »überholt« nämlich im Laufe des Sommers diejenige der Meeresküste.

Von manchen Mittelgebirgsgegenden Deutschlands wiederum geht der Spruch um, dass es »Zehn Monate lang Winter und zwei Monate lang kalt« sei. Der Garten-

Pflanzen brauchen Niederschläge zum Gedeihen, aber rasch ist es auch des Guten zu viel.

besitzer im Harz, im Hunsrück oder im Bayerischen Wald kann daher mit dem Saisonbeginn erst im April rechnen. Und schon zeitig im September muss er seine frostempfindlichsten Pflanzen auch wieder in geschützte Räumlichkeiten einräumen.

Innerhalb der genannten Regionen gibt es aber auch noch spezielle Lagen, durch die sich die Lebensbedingungen der Pflanzen von der Umgebung unterscheiden. Denn es ist ein Unterschied, ob man in einem Talkessel sitzt, der einerseits geschützt ist, in dem sich aber auch die Kaltluftmassen fangen, oder an der Kuppe eines Südhangs, der zwar der Sonne zugeneigt, aber ebenfalls weitgehend frei dem Wind ausgesetzt ist. All diese Faktoren prägen den Standort und damit die Auswahl geeigneter Pflanzen ebenso wie die Wahl und Terminierung der gärtnerischen Maßnahmen.

Wein gedeiht in klimatisch bevorzugten Regionen, aber oft auch in geschützter Einzellage wie an einer Südwand.

WELCHE ROLLE SPIELT DIE KLIMAVERÄNDERUNG?

Unabhängig von den regionalen Unterschieden haben unsere Wetterkundler festgestellt, dass sich die Wachstumssaison in den vergangenen Jahrzehnten merklich um einige Tage verlängert hat, und zwar in beide Richtungen: Sie verzeichneten einen früheren Wachstumsbeginn, also ein späteres Einsetzen von Frösten, ebenso wie einen späteren Beginn der Frostperiode. Dennoch sind wir nicht davor gefeit, dass es auch wieder einmal ins andere Extrem umschlagen kann, wie es der Winter 2009/2010 beweist.

Tendenziell wurde tatsächlich eine Erwärmung unseres Klimas registriert, in dessen Verlauf sich auch etliche Pflanzen bei uns angesiedelt haben, die ursprünglich nur in wärmeren Regionen zu Hause waren. Damit einher gehen auch andere Witterungsextreme, wie heftigere Stürme, längere Perioden mit anhaltendem Regen oder mit tropisch-heißen Temperaturen. Für uns Gärtner bedeutet das: Langfristig erweitern die steigenden Temperaturen unsere Möglichkeiten, aber wir müssen auch jederzeit mit allem rechnen.

DIE WITTERUNG BEOBACHTEN

Daher sollte sich jeder Gartenbesitzer über die individuelle Lage und damit die spezifischen Klimaeigenschaften seines Grundstücks bewusst sein. Erfahrene Gärtner seiner Umgebung werden ihm sicherlich manches aus ihrem Erfahrungsschatz berichten und wertvolle Anregungen geben können.

Zudem sollte er die Witterung im Jahreslauf aufmerksam beobachten und ein Gefühl dafür entwickeln. Manchem mag es auf den ersten Blick langweilig erscheinen, dass sich Jahr für Jahr dieselben Rhythmen wiederholen. In Wirklichkeit aber ist es eine faszinierende Beschäftigung, die ewigen Kreisläufe zu verfolgen, die doch nie ganz dieselben sind, und wahrzunehmen, dass man letztlich selbst ein Teil derselben ist.

DER RICHTIGE ZEITPUNKT

So lernt man im Laufe der Zeit abschätzen, inwieweit die saisonalen Ratschläge des vorliegenden Arbeitskalenders auf den eigenen Garten übertragen werden können: Liegt der Garten mit seiner individuellen Lage und dem aktuellen Witterungsverlauf etwa im Durchschnitt des mitteleuropäischen Klimas, entspricht dies dem Ausgangspunkt dieses Kalenders? Hat er ein paar Wochen Vorsprung, weil er in einer bevorzugten Region liegt oder weil der Frühling eher eingesetzt hat als zumeist üblich? Oder liegt er eher ungünstig, oder wollte der Winter gar nicht mehr aufhören und hinterließ bis weit in den März seine Schneespuren?

Je nach Ergebnis kann man dem kalendarischen Ablauf schon vorgreifen oder sich besser Zeit lassen und die im jeweiligen Monat beschriebenen Maßnahmen noch etwas hinauszögern. Wenn Sie das in diesem Kalender zusammengetragene Wissen so um ihre persönlichen Erfahrungen bereichern, sollte Ihren gärtnerischen Erfolgen wenig im Weg stehen – und wir wünschen dabei viel Spaß!

Der Ausblick, den man in Hochlagen genießt, muss häufig mit einer kurzen und kühlen Wachstumssaison bezahlt werden.

Januar

Einige vorwitzige Blüher können nicht darüber hinwegtäuschen, dass dieser Monat eine Ruhephase ist, in der sich Pflanzen wie Gärtner erholen können.

DER KÄLTESTE MONAT

Normalerweise treten im Januar die tiefsten Temperaturen auf, und entsprechend türmen sich die Niederschläge dieser Jahreszeit, insbesondere entlang den Verkehrswegen, zu hohen Schneehaufen. Die Pflanzen haben sich – ebenso wie viele Wildtiere – mit einer Ruhephase darauf eingestellt.

Aus der Perspektive des Gärtners ist der Schnee mitunter sehr hilfreich. Denn solch eine Schneedecke wirkt für die bodennahen Triebe und Wurzeln, in die sich die Lebenskräfte der Kräuter und Stauden zurückgezogen haben, wie eine Isolierung und schützt sie vor extremen Minustemperaturen. So kann der Frost nicht allzu viel Schaden anrichten, und die überwinternden Pflanzen gehen letztlich doch wieder gut erholt aus der Ruhephase hervor.

SCHNEE SCHÜTZT DIE PFLANZEN

Gefährlich für unsere Gartenpflanzen sind vornehmlich sogenannte Kahlfröste – also Tiefsttemperaturen ohne Schneeauflage. In der folgenden Bauernweisheit sind diese Tatsachen kurzerhand zusammengefasst:

Die Erde muss ihr Bettuch haben,
soll sie der Winterschlummer laben.

- Allerdings können große, schwere Schneemassen auch einiges Unheil anrichten.
- Einige Gewächse zeigen sich ausgerechnet in dieser unwirtlichen Phase von ihrer schönsten Seite – und blühen: die Schneeheide *(Erica carnea),* eine Verwandte unserer bekannten Heidekräuter, der Winterjasmin *(Jasminum nudiflorum),* die Zaubernuss *(Hamamelis)* sowie Winterschneeball *(Viburnum × bodnantense)* und Duft-Schneeball *(V. farreri).* Diesen Arten reichen oft ein paar wärmere Wintertage, um ihre Blüten zu öffnen – irgendwann zwischen November und April.
- Häufig lässt der strengste Winter noch in diesem Monat nach, was insbesondere für die großen Gehölze das Signal ist, dass ein neuer Lebensturnus vor der Tür steht. Die Bauern wussten dazu die Regel:

Wenn Agnes (21. Januar) und
Vinzentis (22. Januar)
kommen, wird neuer Saft im Baum vernommen.

Allgemein

FROSTRISSEN VORBEUGEN

Wenn sich zu strengem Frost die kräftig aufheizende Wintersonne gesellt, sind Baumstämme von Frostrissen bedroht. Die hohen Temperaturunterschiede zwischen Tag und Nacht oder der Schatten- und Sonnenseite eines Stammes verursachen Spannungen in der Rinde, die sie platzen lassen. Krankheiten und Schädlinge können eindringen und dem Gehölz schwer zu schaffen machen. Junge Bäume mit glatter Borke sind hierbei besonders gefährdet.

Der beste vorbeugende Schutz ist eine Stammschattierung mit Schilfmatten oder Jutegewebe. Oft reicht auch schon ein Brett, das man einfach an der Südseite gegen den Stamm lehnt.

Bei mehreren Gehölzen empfiehlt sich ein spezieller weißer Anstrich, der das Sonnenlicht reflektiert und zu starke Erwärmung unterbindet. Eine solche Schutzfarbe lässt sich leicht selbst herstellen (10 l Wasser, 1 kg Branntkalk, 1/2 kg Tapetenkleister). Der Fachhandel bietet auch geeignete Fertigprodukte.

Zur Behandlung von Frostrissen schneidet man die Wunde großzügig aus und verstreicht sie mit speziellen Verschlussmitteln.

SCHNEELASTEN

Schnee ist der beste Frostschutz für Pflanzungen, aber auch eine Belastung für immergrüne Sträucher und Bäume, insbesondere, wenn nach heftigen Schneefällen die Temperaturen plötzlich wieder steigen. Bevor ein abbrechender Ast das Gehölz verletzt und entstellt, schüttelt man die weiße Pracht ab oder befreit den Baum mit einem Besen.

Der heruntergekommene Schnee lässt sich anschließend sinnvollerweise als Isolierdecke auf Baumscheiben verteilen.

VOGELFÜTTERUNG IM WINTER

Futterstellen für Vögel bieten das eindrucksvolle Erlebnis, die scheuen Tiere ganz aus der Nähe beobachten zu können. Die Winterfütterung ist allerdings heiß diskutiert. Hauptargument der Gegner, in der Regel Naturschützer: Nur wenige und nicht gefährdete Arten profitieren davon – scheue und seltene dagegen geraten durch diese menschlichen Eingriffe ins Hintertreffen.

Wer sich für die Fütterung entschließt, sollte grundsätzliche Regeln beachten:

- Nur füttern, wenn eine geschlossene Schneedecke die natürliche Nahrungsaufnahme behindert.
- Achten Sie auf strikte Hygiene und Sauberkeit am Futterplatz, um die Ausbreitung von Krankheiten zu verhindern.
- Keine Speisereste verfüttern! Geeignetes Futter: Sonnenblumenkerne, Getreidekörner, Hanf, Hirse, Fett-Kleie-Gemische, Rosinen u. a.
- Ab Frühlingsanfang, spätestens aber mit Beginn der Brutzeit wird nicht mehr gefüttert.

Ausgerechnet bedrohte Vogelarten profitieren am wenigsten von der Fütterung. Aber den Kindern macht es Spaß.

Ziergarten

LICHT INS ZIERGEHÖLZ BRINGEN

Sommer- und Herbstblüher bilden ihre Knospen erst am diesjährigen Neuaustrieb. Um diesen zu fördern, dürfen sie jetzt durchgreifend ausgelichtet oder bis auf etwa 20 cm gestutzt werden. Vertreter dieser Gruppe sind Sommerflieder, Bartblume, Sommer-Spierstrauch, Rispen-Hortensie, Geißblatt oder Hibiskus.

Frühjahrsblüher wie Forsythien oder Gartenflieder haben ihre Blütenknospen bereits im vergangenen Jahr angelegt. Jeder Eingriff im Winter geht auf Kosten der Blüte. Wer aber die Schere schon zur Hand hat, kann den Strauch an der Basis von alten und vergreisten Trieben befreien. Dabei nimmt man zwar den Verlust einiger Blütentriebe in Kauf, erspart sich aber den ansonsten üblichen Schnitt nach der Blüte.

Zu den Gehölzen, die **keinen Schnitt** benötigen oder ihn nicht vertragen, gehören Magnolien, Japan-Ahorn, Zaubernuss oder Goldregen. Der arttypische Wuchs dieser Schönheiten geht durch größere Eingriffe oft unwiederbringlich verloren.

Das Geißblatt gehört zu den Ziergehölzen, die nun kräftig ausgelichtet werden dürfen, um am Neuaustrieb zu blühen.

HECKEN VERJÜNGEN

Die winterliche Vegetationsruhe ist die ideale Zeit zum Schnitt zu groß und wild gewordener Hecken. Zu den Gehölzen, die eine kräftige Verjüngungskur willig mit sich geschehen lassen, gehören Hainbuchen, Feldahorn, Liguster, Kornelkirsche, Weißdorn und Zier-Johannisbeere. Vorsicht ist bei Nadelgehölzen geboten. Während die vitalen Eiben wieder üppig aus dem alten Holz treiben, fehlt es den Thujen oder Scheinzypressen an ausreichender Regenerationskraft.

Was sonst noch zu tun ist

- Kaltkeimende Stauden können gesät und im Freien aufgestellt werden.
- Geranien brauchen in der Regel viel Vorlauf und werden schon jetzt bei Zimmertemperatur und viel Licht aus Samen gezogen.
- Kontrollieren Sie regelmäßig eingelagerte Zwiebel- und Knollenpflanzen.
- Überprüfen Sie Mulch- und Frostschutzabdeckungen auf dem Beet beziehungsweise zwischen Gehölzen.
- Verhindern Sie, dass die Teichoberfläche völlig zufriert und Tiere und Pflanzen darin keinen Sauerstoff mehr bekommen.

Um die Sauerstoffzufuhr für die Teichbewohner zu sichern, gibt es sogar spezielle Eisfreihalter im Fachhandel.

Den Garten gestalten

ZEIT ZUM NACHDENKEN

Mitten im Winter kann der Gärtner kaum aktiv werden, sondern – auf dem Sofa sitzend – nur wehmütig in den Garten hinausblicken. Doch in dieser Situation wird seine gestalterische Fantasie angeregt: Was könnte man noch besser machen? Welchen Gartenbereich wollte ich schon immer anlegen? Wie lässt sich noch ein besonderer »Kick« in den Garten bringen? Die geruhsame Zeit auf dem Sofa erweist sich als ideal, um sich planerisch mit dem Garten auseinanderzusetzen.
Am besten gehen Sie von vornherein systematisch an die Sache heran: Organisieren Sie sich einen großen Bogen Millimeterpapier und halten Sie darauf maßstabsgerecht die Formen und Maße Ihres Gartens, die Anordnung der Gebäude, der großen Gehölze und anderer unverzichtbarer Elemente fest. Wenn Sie diesen Grundriss mehrere Male kopieren, haben Sie eine Grundlage für Ihre Kreativität – und dann kann's losgehen!

EIN GARTEN ZUM WOHLFÜHLEN

Wenn Sie einen neuen »Lieblingsplatz« in den Garten integrieren wollen, sollten Sie möglichst die Vorlieben und Bedürfnisse aller Bewohner berücksichtigen. Aber auch dann fällt die Auswahl schwer zwischen einem lauschigen Eck zum Wohlfühlen und Entspannen, soliden Angeboten zum Grillen und fürs Outdoor-Cooking, attraktiven Sport- und Spielgeräten oder der aufwendigen Anlage eines Bachs oder gar eines Badeteichs. In solche Gartenteile kann man viel Zeit und Geld investieren. Man hat damit aber auch wesentlich nachhaltiger

Ein attraktiv gestalteter Wegbelag ist ein Blickfang wie die schönsten Blumen – bedarf aber kaum mehr der Pflege.

Freude als an einem dreiwöchigen Urlaub – der auch nicht weniger kostet.

Für Sitz- und Ruheplätze erweisen sich ein schöner Ausblick und ein beschränkter Einblick von unschätzbarem Wert. Auch der Untergrund sollte nicht nur funktionell sein, denn er prägt die Atmosphäre maßgeblich mit. Dasselbe gilt für die Wege, die die verschiedenen Gartenbereiche miteinander verbinden. Die gestalterische Wirkung der Wege kann gar nicht hoch genug geschätzt werden: Ihr Verlauf gliedert den Garten und macht unter günstigen Umständen neugierig auf uneinsehbare Bereiche. Und ein fantasievoller Belag kann ähnlich wie eine attraktive Bepflanzung die Blicke auf sich ziehen, verursacht aber kaum noch Arbeit, wenn er einmal angelegt ist. Deshalb lohnt es in jedem Fall, wenn Sie sich dazu entscheiden, in Natursteine oder einen anderen hochwertigen Wegbelag zu investieren.

STANDORT- UND MENSCHENGERECHTE PFLANZUNGEN

Sie können Ihren Garten als Platz der Entspannung anlegen, aber er wird auch immer Möglichkeiten bieten, sich kreativ und körperlich zu betätigen. Wer diesen Aspekt eher vermeiden will, der muss nicht den ganzen Garten pflastern. Doch er sollte sich genau überlegen, ob er Obst und Kräuter anbaut, denn solche Kulturen sind relativ pflegeaufwendig.

Es ist auf jeden Fall im Sinne von Pflanzen und Menschen, wenn Sie bei der Auswahl der Pflanzen darauf achten, dass sie mit dem herrschenden Klima, dem Boden und der jeweiligen Lage zur Sonne zurechtkommen. Denn dann wachsen sie gesünder und erfordern dazu weniger unser Zutun. In der Regel bleibt die Auswahl auch unter solch standortbedingten Einschränkungen groß genug, dass jeder seine Vorstellungen einer Pflanzung realisieren kann – egal, ob sie bäuerlich üppig, cool und modern oder wildnishaft romantisch sein soll.

In einer naturnahen Umgebung kann sich der Mensch harmonisch in seine Umwelt eingebunden fühlen.

Auf diesem abgeschirmten Kiesoval, umgeben von üppigem, aber beruhigendem Grün, lässt sich gut abschalten.

Balkon & Terrasse

WENIG LOS IM FREIEN

Nach dem Jahreswechsel folgen in aller Regel die kältesten Wochen der Saison, und die verführen nicht gerade dazu, es sich auf Balkon oder Terrasse bequem zu machen. Daran kann auch eine etwaige Dauer- oder Winterbepflanzung wenig ändern, die mit einigen frostharten und immergrünen oder zumindest wintergrünen Sorten die Stellung hält. Unter Reif und Schnee bieten Laubtriebe und Grashalme mitunter ein zauberhaftes Bild, unterstützt von ein paar tiefgefrorenen Früchten (z. B. der Skimmie) oder winterlichen Blüten der Schneeheide. Eine Reisigabdeckung erleichtert diesen Arten das Überleben – bei extremen Minustemperaturen, aber auch bei vorübergehender Erwärmung.

IM GESCHÜTZTEN WINTERRAUM

Die übrigen Balkon- und Kübelpflanzen sind vor dem Winter abgeräumt worden. Die kurzlebigen und weniger wertvollen Exemplare wurden dabei entsorgt, die erhaltenswerten hingegen überdauern die Frostperiode in einem kühlen, aber hellen und frostsicheren Raum, zum Beispiel im Keller, im Hausgang oder in der Garage. Die besten Bedingungen finden sie jedoch in einem Wintergarten oder Gewächshaus.

Dort dürfen die Wurzelballen in der Regel nicht vernässen, weil sie sonst rasch faulen. Sie sollten aber auch nicht völlig austrocknen, weshalb Sie in regelmäßigen Abständen vorsichtig gießen sollten.

Dasselbe gilt für die Knollen von **Dahlien** sowie Zwiebeln des Indischen Blumenrohrs *(Canna),* die man zur Überwinterung gerne in leicht angefeuchteten Sand legt. Am besten markieren Sie dazu mindestens alle 14 Tage einen Termin in Ihrem Kalender. Sollten Sie dabei auf schimmelnde oder faulende Pflanzenteile stoßen, so sind diese umgehend zu entfernen.

Achtung: Gladiolenzwiebeln und Begonienknollen dürfen – im Gegensatz zu den vorgenannten Arten – während der winterlichen Ruhephase austrocknen!

Zudem empfiehlt es sich, bei milder Witterung die Fenster weit aufzureißen, um den Überwinterungsraum gelegentlich gut durchzulüften. Das kommt dem Raumklima und damit auch den hier aufbewahrten Pflanzen zugute.

Damit die Pflanzen im Winterlager gesund bleiben, sollten Sie regelmäßig nach dem Rechten sehen.

Die eingewinterten Dahlienknollen dürfen nicht vernässen, aber ebenso wenig völlig austrocknen.

Nutzgarten

WINTERSCHLAF IM FREILAND

Während der kältesten Wochen des Jahres liegen Gemüse- und Kräuterbeete im Winterschlaf. Lediglich ein paar frostharte Gestalten wie Lauch, Grün- und Rosenkohl überdauern bis zu ihrem Verbrauch im Einschlag, an einem geschützten Plätzchen eng zusammengepfercht oder mit Reisig und Ähnlichem abgedeckt. Wohl dem, der die Gelegenheit hat, sein Gemüse im Schutz von Glas oder Folie anzubauen! Schon ein Frühbeet genügt: Hier wachsen Spinat, Feldsalat, Winterpostelein und Radicchio noch bei wenigen Plusgraden weiter und lassen sich an milden Tagen abernten. Damit diese Entwicklung nicht unnötig beeinträchtigt wird, empfiehlt es sich, diese Beete bei Ankündigung starker Nachtfröste rechtzeitig abzudecken, etwa mit Bastmatten, alten Decken, Styroporplatten oder Ähnlichem.

INS GEWÄCHSHAUS KOMMT LEBEN

Unter Glas überdauern jedoch nicht nur die robusten Gemüsepflanzen, die bereits vor der Frostperiode ausgesät wurden. Mitten im Winter können sogar die ersten Aussaaten des Jahres durchgeführt werden.

Wer ein Gewächshaus hat, kann Winterkopfsalat aussäen – selbst wenn es nicht beheizt werden kann.

Um beispielsweise **Winterkopfsalat, Feldsalat** und **Spinat** zu bestellen, ist nicht einmal eine Heizung erforderlich. Die im Glas gefangenen Strahlen der Wintersonne reichen aus, um diese Saaten zum Keimen zu bringen. Wer sein Gewächshaus mit einer Heizung frostfrei hält, der kann zusätzlich bereits **Petersilie, Kresse, Rettich, Radieschen, Winterpostelein, Kohlrabi, Weiß- und Blumenkohl** anziehen.

OPTIMALE VORAUSSETZUNGEN: MIT HEIZUNG UND BELICHTUNG

Noch größer ist der Spielraum im beheizten **Gewächshaus.** Hier schreiten Keimung und Wachstum rascher voran. Zudem lassen sich empfindlichere Sorten schon früh anziehen, wie zum Beispiel Monatserdbeeren. Allerdings sollte sich die Temperatur im Gleichgewicht mit dem Licht befinden, das in diesem Monat noch recht kraftlos ist. Andernfalls entstehen nur schwächliche Pflänzchen, die sich, verlockt von der Wärme, verzweifelt nach den mangelnden Sonnenstrahlen strecken. Deshalb führen solch frühe Gewächshauskulturen nur dann zum Erfolg, wenn auch eine zusätzliche Belichtung angeboten wird, wie man sie vom Profigärtner kennt.

JETZT SCHON OBSTGEHÖLZE SCHNEIDEN?

Für die meisten Schnittmaßnahmen ist es noch zu früh. Einerseits ist noch länger mit extremen Temperaturen zu rechnen, wodurch Triebe noch zurückfrieren können. Andererseits sollte nicht während starker Frostperioden geschnitten werden. Wer es gar nicht abwarten kann, darf bei milden Temperaturen Rote Johannisbeeren sowie Stachelbeeren auslichten.
Ausläufer der Wurzelunterlage sowie Wurzelschosse sind unerwünscht. Wenn Sie diese an der Basis freilegen und abreißen, werden auch die Austriebsknospen eliminiert, sodass es zu keinem weiteren Austrieb kommt.

Die beliebtesten Gemüse

VORAB DEN BEDARF PLANEN

Wer sich mit selbst angebauten, frischen und giftfreien Lebensmitteln ernähren will, für den sind die verschiedenen Gemüse die wichtigsten Pflanzen in seinem Garten. An vorderster Stelle steht die Bedarfsplanung; ein Single-Haushalt braucht natürlich keinen so großen Nutzgarten wie eine fünfköpfige Familie. Und als Single wird man auch einen ganz anderen Geschmack und andere Motive entwickeln, als wenn Kleinkinder zu versorgen sind.

BLÄTTER, WURZELN, FRÜCHTE

Als Rohkost sind **Salate** unentbehrlich. Mit einer geschickten Mischung aus Kopf-, Eis-, Pflück- und Schnittsalaten, aus Endivien, Zuckerhut, Radicchio, Feldsalat und selteneren Arten können wir fast das ganze Jahr über frische Blätter ernten, insbesondere, wenn uns ein **Frühbeet** oder gar ein **Gewächshaus** zur Verfügung steht. Solche Anbauhilfen verlängern nicht nur die Anbausaison, sondern erweitern auch das Spektrum der in Frage kommenden Arten, weil in ihrem Schutz solche mit höherem Wärmebedarf gedeihen. Ersatzweise ermöglicht eine Abdeckung mit Gartenvlies oder -folie einen früheren oder späteren Anbau als ohne Schutz.

Zahlreiche **Wurzelgemüse** können nicht nur in gekochter Form, sondern ebenfalls roh verzehrt werden, wie Möhren, Rote Bete, Sellerie und Rettich. Mit Ausnahme des empfindlichen Selleries sind geschützte Vorkulturen eher unüblich, nicht zuletzt, weil beim Verpflanzen die Entwicklung der Rübenwurzel empfindlich beeinträchtigt würde.

Frischer Salat gehört zu den beliebtesten Errungenschaften, die das Gemüsebeet zu bieten hat.

KOHL- UND FRUCHTGEMÜSE

Zu den robustesten heimischen Gemüsen gehören die **Kohlarten,** die teilweise sogar überwintern können. Überwiegend handelt es sich um Blattgemüse, beim Rosenkohl allerdings verzehrt man Blattknospen, beim Kohlrabi den verdickten Spross und bei Blumenkohl und Brokkoli eine Art »Blüte«.
Die großen Sorten werden üblicherweise schon zeitig vorgezogen, damit sie ihre imposanten Köpfe entwickeln können. Reine Wintergemüse wie China-, Grün- und Rosenkohl hingegen sät man erst ab Jahresmitte aus. Eine raschwüchsige Kultur wie Kohlrabi lässt sich fast die ganze Saison über säen.
Sehr beliebt, aber ebenso anspruchsvoll sind manche **Fruchtgemüse.** Für Bohnen und Erbsen, die stickstoffsammelnden Leguminosen, trifft das noch am wenigsten zu. Immerhin sind Bohnen so kälteempfindlich, dass man mit ihrer Aussaat bis Mai warten sollte. Tomaten gehören zum festen Inventar eines jeden Gemüsegartens. Deshalb nimmt man es auch in Kauf, dass sie zeitig am Fensterbrett ausgesät, erst nach Ende der Frostgefahr ausgepflanzt und zur Vorbeugung gegen die Braunfäule überdacht werden sollten.
Eine Zucchinipflanze bildet auf gut ernährten Böden so viele Früchte, dass eine Familie sie kaum verzehren kann. Viele andere Gurkengewächse erreichen allerdings nur im Gewächshaus ihr volles Leistungsvermögen, ebenso wie Auberginen und andere Exoten, die grundsätzlich intensivere Besonnung gewöhnt sind, als dies unser Klima bieten kann.

SÄEN ODER PFLANZEN?

In der nachfolgenden Tabelle sind ausschließlich die Saattermine genannt. Freilich ist es genauso legitim, vorgezogene Pflänzchen beim Gärtner zu besorgen; entsprechend verschiebt sich der geeignete Pflanztermin um etwa 4 bis 6 Wochen gegenüber dem genannten Saattermin. Der Nachteil dieser Vorgehensweise: Man bekommt eher selten die gewünschte Sorte.

Aussaattermine gängiger Gemüse (Freiland)

Art	Aussaat
Artischocke	Vk 3
Blumenkohl, Brokkoli	Vk 3–4, D 4–6
Bohnen	(Vk) D 4–1
Chinakohl	Vk/D 7–8
Endivien, Zuckerhut	Vk/D 5–7
Erbsen	D 3–5
Feldsalat	D 7–9
Fenchel	Vk/D 4–7
Grünkohl, Rosenkohl	Vk/D 5–6
Gurken, Kürbis, Zucchini	Vk 4–5
Kohl, Kopf-	Vk 2–3, D 4–5
Kohlrabi	Vk 3–4, D 4–7
Lauch	Vk/D 2–5
Mangold	4–5
Möhren	D 3-6
Paprika, Aubergine	Vk 2–3
Radicchio	Vk/D 6–8
Rettich, Radieschen	VK 3l, D 4–8
Rote Bete	D 4–6
Salate	Vk 2–4, D 4–7
Sellerie	Vk 3–4
Tomaten	Vk 2–4
Zwiebeln	D 3–5

Vk = Vorkultur D = Direktsaat

Februar

Hornung hieß dieser Monat bei unseren Vorfahren, der bereits voller Ahnungen und Hoffnung steckt. Doch seine »Frühlingstage« sind mit Vorsicht zu genießen.

ZU LICHTMESS WIRD ES HELLER

Im Bauernkalender ist Mariä Lichtmess, der 2. Februar, ein Signaltermin, zu dem früher die Knechte und Mägde ihre neue Stelle antraten. Der Name deutet darauf hin, dass es nach der dunkelsten Zeit von nun ab wieder deutlich heller wird. Auch das spektakuläre Ende des Faschings beziehungsweise Karnevals fällt in diese Wochen, und dabei sollen auch gleich die Geister der vergangenen dunklen Jahreszeit vertrieben werden.

Sobald der strenge Winter ein wenig nachlässt und an der einen oder anderen Stelle der Schnee wegschmilzt, kommen auch schon die ersten Triebspitzen zum Vorschein. Als Erstes sind es Zwiebel- und Knollengewächse wie Winterling und Schneeglöckchen, die in ihren Speicherorganen extra Reservestoffe angelegt haben, um die ersten wärmeren Sonnenstrahlen zu nutzen und nun schnell auszutreiben.

WENN DAS SCHNEEGLÖCKCHEN LÄUTET

Für den Kundigen ist die Blüte des Schneeglöckchens auch ein Signal für den Beginn des Vorfrühlings, ebenso wie die Blütenkätzchen der Haselnuss, deren Staub für viele Allergiker gleichzeitig eine neue Saison ihrer Pein einläutet. Wenn dann auch der Boden einigermaßen abgetrocknet ist, dürfen wir uns den ersten gärtnerischen Maßnahmen im Freien zuwenden.

FREUT EUCH NICHT ZU FRÜH!

Auf eine allzu frühe Wärmeperiode sollte der Gärtner eher vorsichtig bis skeptisch reagieren.

Sonnt sich der Dachs in der Lichtmesswoch',
eilt er auf vier Wochen zurück ins Loch.

Wenn's der Hornung gnädig macht,
bringt der Mai den Frost bei Nacht.

Februar mit Sonnenschein und Vogelsang
macht dem Bauern angst und bang.

In diesen wie in zahlreichen anderen Bauernregeln kommt zum Ausdruck, dass der Winter noch längst nicht vorüber ist. Und wenn es doch den Anschein macht, dann kommt die Kälte bestimmt noch einmal zurück – und das bewirkt in der Regel mehr Schäden als eine durchgehend lange Frostperiode.

Allgemein

DAS GARTENJAHR PLANEN

Im noch arbeitsarmen Februar findet sich ausreichend Zeit, um Pläne für die kommende Saison zu schmieden. Für munteres Blühen und gesundes Gedeihen ist die Anpassung der Pflanzenauswahl an die gegebenen **Standortbedingungen** entscheidend. Ob zugige Ecken in voller Sonne oder feuchte Plätze im Schatten – die Natur und der Handel bieten für jede Nische eine geeignete Auswahl an Pflanzen.

Wer das Gemüsebeet im vornherein aufmerksam durchplant, kann sich nicht nur auf ganzjährige Ernten freuen, sondern spart sich auch eine Menge Arbeit. In **Mischkulturen** halten sich die Pflanzen gegenseitig Plagegeister vom Hals, und eine gut durchdachte Fruchtfolge verhindert Krankheiten und reduziert die Düngemengen. Zur besseren Übersicht hilft es, ein »Papierbeet« anzulegen, in das Sie Vor-, Haupt- und evtl. Nachkulturen, Saat- und Pflanztermine, benötigte Pflanzenzahl, Abstände usw. einzeichnen.

Auch Saatgut wird mit dem Alter nicht besser. Um seine Keimfähigkeit zu prüfen, kann man einen Test vornehmen.

SAMEN-SAMMELSURIUM

Beim Blick in die Samenkiste und die angebrochenen Tütchen stellt sich Jahr für Jahr die Frage: Aussäen oder aussortieren? Ein einfacher Keimtest liefert die Antwort auf diese Frage.

Bestücken Sie am warmen und hellen Fensterbrett eine Schale mit feuchtem Küchen- oder Löschpapier und streuen Sie ein paar der fragwürdigen Samen darauf. Die Unterlage muss in der Folgezeit immer leicht feucht gehalten werden.

Nach ein bis drei Wochen (je nach angegebener Keimdauer) wissen wir Bescheid: Gehen die meisten Körner auf, dann ist alles in bester Ordnung. Ist es etwa die Hälfte, so muss man entsprechender dichter säen. Sprießt noch weniger, heißt es Abschied nehmen und Samen nachkaufen.

Um den Überblick zu bewahren, sortiert man die Samentüten am besten nach Pflanzengruppen und Aussaatmonaten. Am längsten bleiben die Samen keimfähig, wenn man sie möglichst trocken und kühl aufbewahrt.

AUSSAATERDE HERSTELLEN

Gute Anzuchterde sollte wasserdurchlässig und nährstoffarm sein, damit die Schützlinge nicht voreilig in die Höhe schießen und zur Bildung eines kräftigen Wurzelwerks angeregt werden.

Ein solches Keimbett lässt sich leicht selbst herstellen. Gut bewährt hat sich die gründlich gesiebte Mischung aus 1/3 vollreifem Kompost, 1/3 gewaschenem Sand und 1/3 Gartenerde. Weil die Erdkomponente Krankheitserreger oder Insektenlarven bergen kann, empfiehlt es sich, das Substrat vor dem Mischen im Backofen (200 °C, 30 Minuten) oder in der Mikrowelle (15 Minuten) zu sterilisieren.

Aussaat in geschützter Vorkultur

SAISONBEGINN FÜR FRÜHSTARTER

Die Gartensaison beginnt nicht in lauer Frühlingsluft, sondern – zumindest meist, mangels eines Gewächshauses – noch in der beheizten Wohnung am Fensterbrett. Denn hier kann ab jetzt manche kurzlebige Kulturpflanze ausgesät werden, die nur dann zu unserer Zufriedenheit blüht und fruchtet, wenn wir ihnen einen zeitlichen Vorsprung verschaffen, der ihnen in der freien Natur nicht vergönnt ist.

Allerdings starten nur wenige Arten schon so früh. Sommerblumen wie Verbenen, Petunien, Ziersalbei, Löwenmaul und Fleißiges Lieschen erweisen sich mit kräftigen Pflanzen und zeitigem Blühbeginn für diesen frühen Termin dankbar; Tomaten, Paprika und Auberginen danken es mit baldigem Fruchtansatz. Auch Kopfsalat, Sellerie und frühe Kohlsorten kommen zu dieser Zeit schon in Frage. Voraussetzung ist allerdings ein optimaler Platz, an dem Licht und Temperatur in einem günstigen Verhältnis stehen. Ein überheiztes Fensterbrett in schwachem winterlichem Licht kann keine zufriedenstellenden Ergebnisse bringen. Beste Voraussetzungen für kompakten Pflanzenwuchs sind in einem künstlich belichteten Gewächshaus gegeben.

EINZELN IN TÖPFE ODER GEMEINSAM IN SCHALEN

Große Sämereien beziehungsweise Pflanzen können einzeln gesät werden. Der Handel bietet hierfür unter anderem Torfpresstöpfe an, die beim Befeuchten aufquellen und den Wurzeln einen besonders stabilen Ballen bieten. Wer genügend Platz hat, der kann jedem Tomatensamen aber auch gleich ein eigenes Töpfchen spendieren. Für zartere Samen und Pflänzchen reicht eine flache Aussaatschale, die man notfalls durch Stäbchen in mehrere Bereiche unterteilen kann. Der Wasserabzug wird durch Abzugslöcher im Gefäßboden sichergestellt. Bei tieferen Gefäßen kann man auch noch eine Dränageschicht aus Blähton einfüllen, um dem Entstehen von Staunässe vorzubeugen.

Zunächst wird das nährstoffarme Aussaatsubstrat mit etwas Abstand zur Oberkante eingefüllt und geglättet. Hierauf können Sie nun möglichst gleichmäßig die Samen verteilen. Eine bewährte Vorgehensweise ist, die Samentüte in der Mitte zu knicken und die Samen herausfallen zu lassen, indem Sie vorsichtig mit dem Finger auf die Tüte klopfen.

Für die geschützte Vorkultur brauchen Sie geeignete Gefäße und Erde, diverse Gerätschaften sowie Wasserspender.

Durch vorsichtiges Klopfen auf die geknickte Samentüte purzeln die einzelnen Körner wohldosiert heraus.

SAMEN AUF SUBSTRAT ANDRÜCKEN

1 Es gibt verschiedene Anweisungen, wann das Substrat anzudrücken ist.
Uns erscheint es am sinnvollsten, erst nach der Aussaat mit einem eigens zum Gefäß passenden »Stempel« oder einem anderen Brettchen die Samen fest auf die Erde zu drücken, sodass ein stabiler Kontakt entsteht, durch den ständig Feuchtigkeit aus dem Untergrund hochgesogen werden kann.

MIT LOCKERER DECKSCHICHT ÜBERSIEBEN

2 Nun wird die Saat mit einer weiteren feinen Substratschicht überdeckt. Dazu nehmen Sie am besten ein feines Sieb zu Hilfe, wie man es im Gartenbedarfshandel bekommt. Die Höhe der Schicht hängt davon ab, ob wir Lichtkeimer oder Dunkelkeimer vor uns haben.

Während letztere unter einer ausreichend starken Erdschicht im feuchten Dunkel verschwinden wollen, sollte bei den Lichtkeimern die Schicht so dünn sein, dass die Samen noch besser von Luft und einigen Strahlen Tageslicht erreicht werden.
Diese Schicht soll nicht angedrückt werden, sondern locker bleiben, damit die Samen einerseits mit dem Luftsauerstoff in Kontakt bleiben und andererseits die Feuchtigkeit nicht weiter an die Oberfläche geleitet wird, wo sie nur verdunsten und so den Samen nicht mehr zur Vefrügung stehen würde.

DIE AUSSAAT BEFEUCHTEN

3 Ohne Wasser keine Keimung! Deshalb muss das Substrat im nächsten Schritt gut befeuchtet werden, damit die Samen quellen und ihre darin schlummernden Lebensgeister wecken können.
Allerdings empfiehlt es sich nicht, im Überschwang mit der Gießkanne und gar ohne Brause über das Saatgefäß zu gehen. Das Ergebnis wären tiefe Spuren in der zuvor sorgfältig geglätteten Oberfläche mitsamt wüst untergespülten Samen. Angegossen wird daher ausschließlich mit einer Brause oder – noch feiner dosiert – mit einem Wasserzerstäuber.

ETIKETTIEREN UND PLATZIEREN

4 Vergessen Sie nicht, die Aussaaten deutlich zu etikettieren, damit Sie bei der Keimung noch wissen, was Sie da vor sich haben.
Schließlich wird das Aussaatgefäß an einem Platz aufgestellt, der zwar warm und hell ist, sich aber weder über dem Heizkörper befindet noch der prallen Sonne ausgesetzt ist.

Ziergarten

FRÜHSTARTER

Wo sich die ersten grünen Inseln im Garten zeigen, sind sie im Nu da: Zwiebel- und Knollenpflanzen profitieren von ihren prall gefüllten Speicherorganen und genießen die ersten warmen Sonnenstrahlen, die auf den Rasen und durch unbelaubte Baumkronen fallen.

Schneeglöckchen und **Winterlinge** erscheinen meist im Duett und präsentieren mit weißen Horsten auf leuchtend gelben Teppichen das erste Farbspiel des Jahres – und die erste Bienenweide. Sobald die Temperaturen über 10 °C klettern, machen sich die fleißigen Insekten auf Nektar- und Pollensuche.

Etwas bunter wird die Palette, wenn sich die ersten **Krokusse** dazugesellen. Der Elfen-Krokus *(Crocus tommasinianus)* samt sich im frühjahrshellen Gehölzbereich liebend gerne aus und vertreibt den Winter mit hellvioletten Blüten.

TIPP Merken Sie sich die Stellen vor, wo der Schnee zuerst schmilzt, und setzen Sie dort im Herbst die Zwiebeln der Frühblüher!

Eine besonders hinreißende Frühlingsbotin ist das **Frühlings-Alpenveilchen** *(Cyclamen coum)*. Ihre zarten, karminroten bis weißen Blütenköpfchen können kein Eis mehr sehen und werden zum Schutz vor stärkeren Frösten am besten etwas abgedeckt.

Die **Zaubernuss** gehört zu den ersten Gehölzen, die im Vorfrühling Farbe bekennen. Bei mildem Wetter öffnen sich die bizarren, gelb bis orangerot gefärbten Blütenquirle oft schon im Januar und verströmen einen angenehm süßen Honigduft.

Der **Winter-Schneeball** *(Viburnum × bodnantense* 'Dawn') blüht und duftet mancherorts schon im Dezember, wird bei frostigen Temperaturen aber wieder zur Pause gezwungen. Sein rosafarbener Hauptflor setzt bei milder Februarwitterung ein, auch zur Freude vieler Falter und Bienen.

Die Zaubernuss erfreut mit ihren bizarren Blüten, die zudem angenehm duften.

Die Frühlingsblüher: Schneeglöckchen sind die ersten Blüten des Jahres.

Ein Geheimtipp unter den Vorfrühlingsblüher ist die **Winter-Heckenkirsche** *(Lonicera × purpusii)*. Spätestens im Februar hüllt sie sich in rahmweiße Blüten und einen intensiven Duft. Am geschützten Platz und in milden Wintern behält der mannshohe Strauch sogar seine Blätter.

Gegen Ende des Monats kommt allmählich auch die **Forsythie** in Schwung. Wenn sie ihr dichtes Kleid an strahlend gelben Blütensternchen präsentiert, ist der Frühling angekommen.

KÄLTEREIZ ZUR KEIMUNG

Phlox, Trollblumen, Tränendes Herz, Eisenhut, Primeln, Enzian, Iris und viele andere Stauden aus winterkalten Gebieten sind **Kaltkeimer.** Die Samen dieser Arten beinhalten keimhemmende Substanzen, die sich erst nach einer längeren Kälteperiode abbauen und so vor voreiliger Keimung schützen.

Der ausklingende Winter ist ein günstiger Zeitpunkt für die Aussaat dieser Kaltkeimer in Saatschalen. Bevor sie raus in die Kälte dürfen, lässt man sie jedoch erst noch etwas vorquellen. Stellen Sie das Gefäß dazu ins warme Zimmer und halten Sie es stets leicht feucht. Nach gut zwei Wochen kommen die Saatkisten ins Freie oder in einen kalten Frühbeetkasten.

Im Freien begünstigt die Witterung oft die Keimung, denn der Wechsel von Frost und schmelzendem Schnee macht die Samenschalen porös. Allerdings müssen die Samen dort vor Staunässe und gegebenenfalls mit einem Drahtgeflecht vor Vogel- und Mäusefraß geschützt werden. Dagegen gefeit sind die Saatschalen im Frühbeetkasten. Vergessen Sie dort nicht, die Samen regelmäßig zu gießen, und lassen Sie die Schalen hin und wieder einschneien!

Die meisten Kaltkeimer müssen mehrere Wochen lang Temperaturen von −4 °C bis +4 °C ausgesetzt sein, bis sie ihre Keimruhe überwunden haben. Zur eigentlichen Keimung sollten sie dann deutlich wärmer stehen. Im Freien aufgestellte Saatschalen ziehen dafür ins wärmere Frühbeet oder wieder an einen geschützten und hellen Platz im Haus um.

Sobald es die Witterung zulässt, sollten Sie Moos und andere Störfaktoren aus der Grasnarbe rechen.

TIPP Im Kühlschrank (keinesfalls im Gefrierfach!) lässt sich der Kältereiz für Kaltkeimer auch witterungsunabhängig simulieren.

Was sonst noch zu tun ist

- Einige Sommerblumen und Stauden kann man jetzt schon auf der warmen und hellen Fensterbank im Haus vorziehen.
- Vergessen Sie nicht, immergrüne Gehölze gelegentlich mit Wasser zu versorgen.
- Vor dem Austrieb sollte man den Rasen gründlich durchlüften, indem man Moos und abgestorbene Stücke herausrecht bzw. vertikutiert.
- Nistkästen müssen vor Beginn der Brutzeit (März) gründlich gesäubert werden.
- Bringen Sie Ihr Werkzeug gut gereinigt und gewartet in die Startlöcher!

Balkon & Terrasse

AUSTRIEB AUS FRISCHEM GERÜST

Die Balkon- und Kübelpflanzen, die in einem hellen Keller- oder anderen Lagerraum überwintern, beginnen mit den zunehmend längeren Tagen langsam mit dem Neuaustrieb. Dies ist für den Gärtner das Signal, die Pflanzen von allen Hinterlassenschaften des Winters zu befreien. Deshalb sollte er sich Zeit nehmen, abgestorbene Triebe, verwelkte Blätter und Blüten auszuputzen.
Nach diesem ersten Durchgang sieht man auch deutlicher den Aufbau der Pflanzen und kann beim anschließenden Rückschnitt auf ein kompaktes, ausgewogenes Triebgerüst zurücksetzen. Wo dies nicht erforderlich ist, lässt sich zumindest durch Ausknipsen der Spitzenknospen ein buschigeres Wachstum anregen.
Auch manche Kübelpflanzen wie Engelstrompete *(Brugmanisa)*, Kreppmyrte *(Lagerstroemia)* und Bleiwurz *(Plumbago)* oder Hochstämmchen werden bei dieser Gelegenheit kräftig zurückgeschnitten. Beim Oleander ist diese Maßnahme nur alle 2–3 Jahre erforderlich. Geranien dürfen zu diesem frühen Zeitpunkt sogar schon in die vorgesehenen Gefäße gesetzt werden. In allen anderen Fällen ist die zurückhaltende Wasserversorgung vorerst noch fortzusetzen.

ERSTE ZEICHEN DES FRÜHLINGS

Zwar ist die Frostperiode in der Regel noch in vollem Gange. Doch zwischen manchen Dauerbepflanzungen lugen bereits die ersten Blüten der Schneeglöckchen oder Krokusse hervor. Und auch die Stiefmütterchen nutzen schon wenige Tage in der Sonne, um ihr ihre fröhlichen Blütengesichter entgegenzustrecken.
Wer nicht mit einer Dauerbepflanzung vorgesorgt hat, der kann in einer frostfreien Periode einen Kasten mit Stiefmütterchen, vorgetriebenen Zwiebelblumen und anderen Frühlingsblühern bepflanzen und aufstellen. Vor Rückfällen in härtere Frostperioden empfiehlt es sich, solche Pflanzungen noch einmal mit Reisig, Zeitungen oder Stoffen abzudecken.

DAS SPEKTRUM DER FRÜHLINGSBLÜHER

Neben den bereits genannten Arten stehen noch weitere Zwiebel- bzw. Zweijahresblumen zur Auswahl, zum Beispiel Strahlenanemonen, Blausternchen und Traubenhyazinthen. Wer rechtzeitig im Herbst einen Kasten mit solchen Zwiebeln vorbereitet hat, der kann ihn ab Mitte des Monats an einen geschützten Platz bringen und dort vortreiben.
Stiefmütterchen, Maßliebchen oder Vergissmeinnicht mussten im Sommer vorgezogen werden. Bei geeigneter Witterung lässt sich dann ein Topf oder Kasten mit den geschützt überwinterten Zweijährigen bepflanzen. Oder man besorgt sich die Pflänzchen nun beim Gärtner, ebenso wie Primeln, die der Handel in allen Farben des Regenbogens bereithält.

Bevor sie neu austreiben, sollte man die überwinterten Pflanzen von kranken und abgestorbenen Trieben befreien.

Nutzgarten

NATÜRLICHE BODENHEIZUNG FÜR DIE JUNGPFLANZEN

Haben Sie die Möglichkeit, an Pferdemist zu kommen? Dann sollten Sie es nicht versäumen, schon Anfang des Monats ein Mistbeet anzulegen! Mit den tierischen Hinterlassenschaften lässt sich im Untergrund eine Art Fußbodenheizung für die wärmebedürftigen Sämlinge installieren, die überdies das Wachstum durch reichlich Nährstoffe antreibt.
Klassischerweise verwendet man dazu ein Frühbeet, dessen Boden etwa einen halben Meter tief ausgehoben wird. Dann packt man eine 20 cm hohe Schicht von frischem Pferdemist hinein und deckt diese mit einer ebenso starken Erdschicht ab. Damit die Wärme nicht zu schnell verloren geht, sollten Sie anschließend gleich die Fenster auflegen und das komplette Frühbeet durch Auf- und Anlegen von Brettern oder Styroporplatten zusätzlich isolieren. Bevor die ersten Saaten oder gar bewurzelten Pflanzen eingesetzt werden, muss das Ganze allerdings erst noch einige Tage auslüften.

Das sogenannte Mistbeet ist eine traditionelle Methode zum Frühanbau. Der Mist wirkt wie eine Bodenheizung.

AUSSAATEN MIT UNTERSCHIEDLICHEN TEMPERATURANSPRÜCHEN

Im unbeheizten Gewächshaus kommt zu den Erstsaaten von **Winterkopfsalat, Feldsalat** und **Spinat** nun noch die für unsere Küche unersetzliche **Petersilie** hinzu sowie nach und nach auch **Kresse, Radies, Kohlrabi** und **Schnittsalat.** Ab Monatsmitte kann früher **Kopfkohl** vorgezogen werden.
Für den **Sellerie** sollte zu diesem frühen Termin ein Platz am Fensterbrett oder im beheizten Gewächshaus reserviert werden. Bei den zuvor genannten Gemüsearten ist vor allem auf die geeignete Sorte zu achten – je nachdem, ob man sie später auspflanzt oder im Gewächshaus durchkultiviert. Dem Salat kann es bei der Aussaat eher zu warm werden: Bei Temperaturen um die 20 °C setzt eine Keimhemmung ein.

ERSTE FREILANDSAATEN

Gemüsebeete sollten mit etwas Abstand vor der ersten Bestellung mit Kompost oder anderen Zuschlagstoffen versorgt werden.
Zu den unempfindlichsten Keimlingen gehört die Acker- oder auch **Dicke Bohne.** In Reihen gesät, kann sie als Gründüngung den gängigen Gemüsekulturen vorauseilen, eignet sich aber natürlich auch zur Ernte.
Darüber hinaus dürfen Sie auch **Spinat**-Sorten wie 'Monnopa' oder frühe **Möhren** sehr zeitig ins Freiland säen. Eine Folienabdeckung lässt sich überall recht problemlos anbringen; in deren Schutz gelingen Keimung und Wachstum rascher.
Ab Mitte Februar kann man im Freiland unter dem Schutz der Folie bereits **Rettich** und **Radieschen** sowie **Zwiebeln** aussäen.
Die **Melde** ist eine wenig bekannte, aber äußerst robuste und dankbare Gemüsekultur, die ebenfalls zeitig keimt und sich wie Salat oder Spinat verarbeiten lässt.
Die **Pastinake** ist ein mit den Möhren verwandtes Wurzelgemüse, das auch ähnliche Ansprüche stellt.

GEMÜSE-TIPPS

Die Keimrate von Möhren verbessert sich deutlich, wenn man die Samen einen Tag vorquellen lässt. Zur Markierung der Reihen kann man überdies Samen der rasch keimenden Radieschen einstreuen.
Wenn Sie einen großen Tontopf kopfüber auf die Bodenknospen des Rhabarbers stülpen, treibt er darunter etwas früher aus und lässt sich entsprechend zeitiger beernten.

ERZIEHEN, AUSLICHTEN UND HEILEN

An frostfreien Tagen im Februar beginnt die günstigste Periode für den Winterschnitt. Wer sich dabei nach dem Mondkalender richten möchte, der sollte die Phase des absteigenden Monds bevorzugen. Beginnen Sie mit den Johannis- und Stachelbeeren, um sich anschließend dem Kernobst zuzuwenden.
Bei solcherlei Schnittmaßnahmen werden nicht nur die Bäume erzogen und ausgelichtet. In diesem Rahmen sollten Sie auch auf Krankheitsherde achten, um diese auszuschneiden – zum Beispiel die Eigelege von Blattläusen, Spinnmilben und Schadraupen, aber auch von Obstbaumkrebs, Mehltau oder Monilia befallene Triebe.

RINDEN-BEHANDLUNG

Da die Temperaturschwankungen in diesen Wochen besonders groß sein können, sollten gefährdete Baumstämme möglichst konsequent vor Sonneneinstrahlung geschützt werden. Dazu eignet sich ein heller Anstrich oder eine vorangestellte Schattierung (siehe S. 12).
Ist das Malheur schon geschehen und die Rinde eingerissen, dann sollten Sie die Schadstelle bis zur Wundbehandlung nach Ende der Frostperiode möglichst rasch mit einem angefeuchteten oder lehmbeschmierten Stoff umwickeln. Viele Obstbaum-Schädlinge überwintern an oder unter der Rinde. Es ist daher eine wichtige vorbeugende Maßnahme, wenn Sie jetzt die Stämme kräftig abbürsten und die abgefallenen Rindenteile vernichten.

ARBEITEN IM OBSTGARTEN

Sehr alte und kranke Bäume, die keine nennenswerten Ernten mehr versprechen, können gerodet werden, sobald der Boden frostfrei ist. Ein nicht gefrorener Boden ist auch die Voraussetzung, erste Pflanzungen unempfindlicher Obstgehölze vorzunehmen.
Wer den Obstgehölzen eine zeitige Düngung mit auf den Weg geben möchte, kann diese flach auf der Wurzelscheibe einarbeiten. Organische Dünger wie Kompost sollten anschließend unbedingt noch mit Mulch abgedeckt werden, bis sich der Boden in der Frühlingssonne erwärmen kann.
Höchste Zeit, um bei Johannisbeeren und anderen robusten Obstgehölzen Steckhölzer mit vier bis sechs Augen zu schneiden. Sie dürfen dann auch gleich zur Bewurzelung mehr als die Hälfte tief in die vorbereitete Erde gesteckt werden.

Durch Überstülpen eines Behälters lässt sich der Rhabarber verfrühen.

Ein Anstrich schützt die Rinde vor extremen Temperaturunterschieden.

Prinzipien des Obstgehölzschnitts

WÄHREND DER SAFTRUHE

Den Obstgehölzschnitt nimmt man nach alter Tradition bevorzugt zur Zeit der Saftruhe vor – also im Winter – allerdings nicht gerade an den kältesten Tagen: Die Temperaturen sollten nicht allzu weit unter den Gefrierpunkt sinken, weil dann Mensch und Pflanze größeren Schaden nehmen könnten.
Der Schnitt beginnt häufig noch vor dem Winter bei den Beerensträuchern. Im Optimalfall ist ab Februar/März das Kernobst an der Reihe. Die kleineren Baumformen allerdings sollte man erst im März/April anpacken, wenn auch Pflaumen und Kirschen geschnitten werden, bevor man die Maßnahmen mit den wärmebedürftigen Pfirsich- und Aprikosenbäumen abschließt.

BEERENSTRÄUCHER AUSLICHTEN

Bei Johannisbeeren und Stachelbeeren sollten Sie regelmäßig abgetragene alte Zweige am Bodenansatz ausschneiden. Je nach Bedarf können noch weitere, zu dicht stehende Triebe entfernt werden. Da die Schwarzen Johannisbeeren ausschließlich am einjährigen Holz ihre säuerlich-aromatischen Früchte tragen, ist bei ihnen besonders darauf zu achten, dass beim Rückschnitt Seitenknospen zur Bildung junger Triebe angeregt werden. Im Gegensatz zu diesen Einzelsträuchern werden Himbeeren und Brombeeren in Reihen angebaut und die Triebe an waagrechte Stützdrähte gebunden. Mit dem Schnitt sollten Sie abgetragene Altruten entfernen, sodass pro Pflanze etwa sechs bis acht junge Ruten verbleiben. Himbeeren werden überdies stärker eingekürzt.

Abgetragene Ruten bei Johannis- und Stachelbeeren schneidet man an der Basis heraus.

MEHR LICHT UND LUFT

1 Die jungen Bäume müssen erzogen und vergreiste verjüngt werden. In der langen Zeit dazwischen, also während ihrer Haupt-Ertragsphase, lichtet man die Gehölze regelmäßig aus. Dabei werden im ersten Durchgang alle stark mit Schädlingen besetzten, von Krankheiten befallene oder gar abgestorbenen Äste entfernt. In solchen Fällen empfiehlt es sich, den Trieb mindestens 10 cm unterhalb der Befallsstelle herauszunehmen und zu entsorgen.

2 Im zweiten Schritt schneiden Sie die Triebe heraus, die durch zu engen Stand mit den Leitästen konkurrieren, die sehr steil wachsen oder ins Kroneninnere

weisen. In der Regel genügt dies, damit die Krone luftig wird und sowohl auf das Laub als auch auf die Früchte im Inneren genügend Licht einfällt. Ein weiterer Nebeneffekt dieses Schnitts ist, dass die sogenannte Alternanz ausgeglichen wird, unter deren Einfluss die Bäume im einem Jahr überreich und im nächsten kaum Früchte tragen.

GANZE ÄSTE FACHGERECHT ENTFERNEN

Mit zunehmendem Alter kann es schon mal notwendig werden, einen kräftigen Ast ganz herauszunehmen. Dabei darf kein »Kleiderhaken« stehenbleiben; der Ast sollte bereits am Stammansatz abgesägt werden.
Wenn schwere Äste herunterbrechen, kann es leicht passieren, dass die Rinde aufgeschlitzt wird. Vorbeugend hat es sich bewährt, den zu entfernenden Ast zuerst von unten anzusägen, bevor man ihn – etwas weiter vom Ansatz entfernt – von oben her absägt. Meist ist es dann in einem dritten Schritt notwendig, glatt bis zum Ansatz zurückzuschneiden.

Die großen Wunden, die dem Baum dabei zugefügt werden, sollten im Anschluss mit einem im Handel erhältlichen Wundverschlussmittel verstrichen werden. Dies beugt dem Eindringen von Krankheitserregern vor.

NOTFALLS RADIKAL VERJÜNGEN

Bäume, die über längere Zeit vernachlässigt wurden oder aus anderen Gründen unzureichend Früchte tragen, kann man durch einschneidende Maßnahmen nachhaltig verjüngen. Dazu dürfen sogar komplette Leittriebe herausgenommen werden, die durch Risse oder Schaderreger geschwächt sind, um dann mit dem verbliebenen Gerüst eine neue lichte Krone aufzubauen.
Beim Kernobst ist eine solche Vorgehensweise gang und gäbe und meist problemlos. Bei Süßkirschen hingegen sollte man zurückhaltender vorgehen, denn sie reagieren auf einen kräftigen Schnitt mit heftigem Wundfluss und verstärktem Krankheitsbefall.

Nach einem schwachen Rückschnitt erfolgt nur ein schwacher Neuaustrieb (links) – und umgekehrt (rechts).

März

Die Strahlen der Märzsonne und zahlreiche Frühblüher locken den Gärtner aus seiner Reserve. Und nicht zuletzt die Verheißung: Frühlingsbeginn!

Was ein richtiger März ist,
soll eingehen wie ein Löwe
und ausgehen wie ein Lamm.

Mit dieser Bauernregel haben unsere Vorfahren zum Ausdruck gebracht, dass der März zu Beginn durchaus noch recht winterlich sein darf, die Witterung jedoch erfahrungsgemäß einen einschneidenden Wandel vollzieht und an seinem Ende bereits weitgehend frühlingshafte Temperaturen herrschen.

Die Blüten der Salweide *(Salix caprea)* in der Natur sowie der Kornelkirsche *(Cornus mas)* in der Umgebung unserer Gärten reagieren auf diese Erwärmung und zeigen damit an, dass nun endgültig die Gartensaison beginnen kann. Mit weiteren Rückschlägen ist zwar zu rechnen, doch wildlebende Arten wie auch die robusten Gartenpflanzen können in der Regel damit leben.

In manchen Jahren mit frühem Feiertagsturnus fallen die Osterfeiertage noch in diesen Monat.

SAATTERMINE NACH BAUERNART

Manche können es aber gar nicht abwarten, mit der Aussaat bestimmter robuster Gemüsearten zu beginnen – und haben damit offensichtlich Erfolg. Zum Beispiel wenn einige Bauern reimten:

Kunigund (3. Februar)
macht warm von unt' und die Zwiebeln rund.

Vertrauenswürdiger erscheint der Spruch zur Namenspatronin Gertrud (17. März):

Wer Dicke Bohnen und Möhren will essen,
darf St. Gertrud nicht vergessen.

Zum astronomischen Frühlingsbeginn gibt es dann kein Halten mehr:

Willst' Gerste, Erbsen, Zwiebeln dick,
so sä sie an St. Benedikt (21. März).

EIN ERSTER BLÜTENREIGEN

Wer im Vorjahr rechtzeitig daran gedacht hat, kann jetzt im Blumenbeet erste farbige Blütenflächen bewundern. Sie bestehen überwiegend aus Stiefmütterchen, Maßliebchen, Primeln, Krokus, Blausternchen, Strahlenanemone, Traubenhyazinthe, Zwiebel-Schwertlilien und ersten botanischen Tulpen sowie Narzissen.

Allgemein

VEGETATIVE VERMEHRUNG

Die meisten Gartenpflanzen lassen sich nur auf ungeschlechtlichem Weg sortenrein vermehren, also nicht mit Samen, sondern über die Abtrennung und Bewurzelung einzelner Pflanzenteile. Solche Nachkommen haben das gleiche Erbgut wie ihre Mutterpflanzen und somit die gleiche Blüten- und Blattfarbe, Wuchsform und innere Qualität. Sie sind sozusagen identisch.

STECKLINGE

Viele Stauden, Balkonblumen, Kräuter, Ziergehölze und Kübelpflanzen lassen sich recht einfach durch **Stecklinge** »klonen«. Am sichersten bewurzeln die unverholzten Triebspitzen (Kopfstecklinge), aber auch Teilstücke des Triebs sind durchaus einen Versuch wert.

Durch das Einkürzen der Blätter wird die Verdunstung von Wasser reduziert.

Mit einem scharfen Messer schneidet man die Stecklinge auf eine Länge von 5 – 10 cm. Der Schnitt sollte schräg und kurz unter einem Blattknoten ansetzen. Blütenknospen und die unteren Blätter werden entfernt. Stecken Sie die Abschnitte in nährstoffarmes, lockeres Substrat und decken Sie das Ganze mit einer Folie ab, um die Luftfeuchtigkeit möglichst hoch zu halten. Gut geeignet sind auch Mini-Gewächshäuser mit einer Kunststoffhaube. Halten Sie das Substrat leicht feucht und warm. Sobald die Stecklinge wurzeln und oberseits zu treiben beginnen, können Sie den Verdunstungsschutz abnehmen und die Pflänzchen in nahrhafte Erde umsetzen oder auspflanzen.

Die Vermehrung über Stecklinge ist grundsätzlich das ganze Jahr über möglich, wobei Stauden im Frühjahr am willigsten wurzeln und Blütengehölze eher den Frühsommer bevorzugen.

STECKHÖLZER

Bei Steckhölzern handelt es sich im Prinzip um verholzte Stecklinge, die man im Herbst nach dem Laubfall schneidet. Die Hölzer sollten etwa 20 cm lang und bleistiftdick sein. Am besten wurzeln erfahrungsgemäß Stücke aus einjährigen Trieben.

Steckhölzer werden entweder sofort nach dem Schnitt direkt in die Gartenerde gesteckt, oder man lagert sie frostfrei und wartet bis zum Frühjahr. Stecken Sie zur Sicherheit mehrere Hölzer, denn nicht jedes wurzelt zuverlässig. Etwa ein Viertel des Triebstückes sollte aus dem Boden herausschauen.

Robuste und wuchskräftige Blütensträucher wie Forsythie, Deutzie, Kolkwitzie, Sommerflieder und Weigelie lassen sich auf diese Weise gut vermehren.

Der Boden und seine fachgerechte Bearbeitung

DIE HEIMAT DER PFLANZENWURZELN

Auf den ersten Blick mag es nicht recht einleuchten, dass man sich so ausführlich mit dem Boden beschäftigen soll – dem »Schmutz unter unseren Füßen«. Erfahrene Gärtner jedoch wissen, dass hier die Grundlage zu finden ist für ein gesundes Wachstum unserer Pflanzen. Allerdings gibt es gravierende Unterschiede. Grundsätzlich ist dabei nicht zwischen »gut« und »schlecht« zu unterscheiden. Vielmehr bilden diese Böden jeweils den Lebensraum für eine bestimmte Pflanzengesellschaft, die sich dem Standort angepasst hat – dem Boden wie dem herrschenden Klima.
Auch die Bildung des Bodens selbst hängt unter anderem vom Klima ab, vor allem aber vom Ausgangsgestein, das im Laufe der Zeit verwittert ist und durch räumlich verfrachtete Schichten angereichert wurde. Auf diese Weise bilden sich Folgen von Bodenschichten, die oft für ganze Landschaften charakteristisch sind.

Die Pflanzen wurzeln vorrangig in der obersten, humusreichen Schicht. Sie braucht intensive Zuwendung.

RICHTLINIEN DURCH EINE BODENPROBE

Für uns Gärtner sind einerseits die Nährstoffgehalte und andererseits die Körnung eines Bodens von entscheidender Bedeutung. Der Gehalt an löslichen Nährstoffen lässt sich mithilfe einer Bodenprobe ermitteln. Allerdings sind ausgerechnet beim Stickstoff, dem wichtigsten Element, Aussagen über die pflanzenverfügbaren Mengen schwierig. Am ehesten lässt sich noch aus dem Humusgehalt darauf schließen.
Dennoch lohnt es sich, insbesondere vor größeren Maßnahmen eine solche Probe zu nehmen und analysieren zu lassen. Dazu nimmt man an mehreren Stellen aus Spatentiefe Stichproben und vermischt sie gut vor dem Versand. Erfahrungsgemäß sollte jeder Bereich eigens untersucht werden, weil sich im Gemüsebeet andere Verhältnisse entwickelt haben als im Blumenbeet.

Nährstoffgehalt und Bodenqualität lassen sich mithilfe einer Bodenprobe ermitteln.

BODENSTRUKTUR UND PH-WERT

Als Ergebnis einer Bodenuntersuchung erhält man in der Regel auch Auskunft über die Bodenstruktur, also darüber, ob es sich um einen leichten, sandigen, einen mittleren, lehmigen oder einen schweren, tonigen Boden handelt. Diese Eigenschaften entscheiden nämlich darüber, in welchen Mengen der Boden Wasser und Nährstoffe speichern und wieder abgeben kann. Letzteres hängt aber auch vom pH-Wert des Bodens ab. Für unsere durchschnittlichen Gartenpflanzen ist ein leicht saurer Bereich knapp unter dem Neutralpunkt 7 optimal, genauer zwischen 5,5 und 7. Versauerte Böden mit niedrigeren Werten lassen sich durch wohldosierte Kalkgaben verbessern.

Ein gutes Bodenuntersuchungs-Institut gibt abschließend für alle Schwachpunkte Empfehlungen, um die Qualität des Bodens zu verbessern.

UNVERZICHTBAR: DER HUMUS

Die Verbesserung des Humusgehalts ist praktisch in allen Situationen ein erstrebenswertes Ziel. Der Humus vereint nämlich die besten Eigenschaften hinsichtlich Wasser- und Nährstoffspeicherung in sich, ist aber auch im Hinblick auf eine stabile Struktur und Pflanzengesundheit unersetzlich. Das Geheimnis seines Erfolgs liegt in den Myriaden von winzigen Lebewesen, die sich in einer einzigen Handvoll Humus befinden und durch ihre rege Aktivität beste Bedingungen für einen gesunden Pflanzenwuchs schaffen.

Der Gärtner kann den Humusgehalt erhöhen durch flaches Einarbeiten von Kompost, ersatzweise käuflichen Rindenhumus oder Grüngutkompost, aber auch organische Abfälle sind geeignet, die dann mit der Zeit an Ort und Stelle verrotten.

DAS KANN DER GÄRTNER TUN

Die Bearbeitung der Bodenoberfläche mit Rechen, Krail, Grubber, Sauzahn oder Hacke mag oberflächlich betrachtet lediglich der Unkrautbekämpfung dienen. In Wirklichkeit aber sind diese traditionellen und bewährten Maßnahmen fester Bestandteil der Bodenbearbeitung, denn so bleibt die Oberfläche selbst bei widriger Witterung krümelig. Sogar die Wasserverluste durch Verdunstung gehen zurück, weil die Verbindung in tiefere Bodenschichten unterbrochen wird. Eine tiefere Bodenbearbeitung wie das Rigolen bleibt schwierigen Fällen vorbehalten, und auch das herbstliche Umgraben ist auf schwere Böden zu beschränken (siehe S. 124).

Natürlich gibt es auch die Möglichkeit, die Zusammensetzung des Bodens direkt durch Einarbeiten von käuflichen Bodenverbesserungsmitteln und Strukturzusätzen in unserem Sinne zu beeinflussen. Kalk beispielsweise verbessert die Struktur, wenn ansonsten eher zu wenig verfügbar ist.

Auch wenn sich das komplexe System Boden nicht nach Belieben verbessern lässt, kann der Gärtner anhand der Kenntnisse über seinen Boden die geeigneten Pflanzen auswählen, die dort dann zufriedenstellend gedeihen.

Der Grubber ist eines von mehreren Werkzeugen, mit denen man den Boden oberflächlich lockern kann.

Ziergarten

FRÜHJAHRSPFLEGE

Der Frühling erwacht – und mit ihm die Lebensgeister des Gärtners. Sobald die Tage wärmer werden, gibt es viel zu tun, um den Pflanzen das Wachsen und Gedeihen zu erleichtern.

Stauden und Gehölze dürfen Sie nun vom **Winterschutz** befreien, damit sie sich an die vorherrschenden Temperaturen gewöhnen und ungestört austreiben. Die Austriebe von Lilien, Tränendem Herz und anderen besonders empfindlichen Arten sind allerdings nach wie vor frostgefährdet. Halten Sie zu deren Schutz etwas Deckreisig parat, falls heftige Spätfröste drohen.

Eingewachsene **Rosen** deckt und häufelt man ab, sobald sie zu treiben beginnen. Mit dem Rückschnitt wartet man am besten bis April (siehe S. 53). Ein zu früher Schnitt führt zu einem zeitigen Neuaustrieb, der bei einem plötzlichen Kälteeinbruch wieder zurückfrieren kann.

Stauden und Gräser, die Laub und Fruchtstände den Winter über behalten durften, werden jetzt eine Handbreit über dem Boden **zurückgeschnitten.** Für kleinere Gräser reicht die Gartenschere, bei den dicken Halmen der Riesengräser hilft die Heckenschere. Immergrüne Gräser werden nur gestutzt, wenn ein extremer Winter die Horste komplett »zerpflückt« hat. Normalerweise reicht es, unansehnliche und abgestorbene Pflanzenteile ab und zu auszuputzen.

Beetstauden und Ziersträucher profitieren von einer jährlichen Starthilfe mit **Kompost** und **Stickstoffdünger.** Gut geeignet sind organische Düngemittel wie Hornmehl. Sie wirken langsam, aber beständig, schonen den Boden und das Grundwasser.

VERJÜNGUNGSKUR DURCH TEILEN

Wenn ein Stauden-, Gras- oder Farnhorst über die Jahre zu üppig geworden ist und bereits von innen heraus verkahlt oder nur noch spärlich blüht, ist es Zeit für eine Verjüngungskur. Dazu gräbt man die (zurückgeschnittene) Pflanze aus und teilt sie mit dem Spaten, Messer oder – bei zierlichen Stauden – mit der Hand in mehrere Teile. Alte und verkahlte Pflanzenteile wandern auf den Komposthaufen, die frischen Ballen werden von kranken Wurzelteilen und Wurzelunkräutern befreit und zusammen mit reifem Kompost wieder ins Beet gesetzt. Eine Teilung ist allerdings nicht für jede Staude förderlich: Pfingstrosen oder Tränendes Herz bleiben davon besser verschont.

TIPP Hochgefrorene Stauden sind wieder gut anzudrücken, sonst vertrocknen sie. Besonders betroffen davon sind im Herbst gepflanzte Polsterstauden.

PFLANZZEIT!

Wenn die Märzsonne den Frost aus dem Boden vertrieben hat und sich die Erde allmählich erwärmt, kann gepflanzt werden. **Sommer- und herbstblühende Stauden, Gräser und Farne** wollen zeitig ins Beet kommen, um sich bis zu ihrer Paradezeit gut entwickeln zu können. Auch empfindliche **Zweijährige,** die geschützt überwintert wurden, dürfen nun ins Beet. Sonnenhungrige **Prachtstauden** wie Phlox, Astern und

Im Frühjahr entfernt man die Triebe vom Vorjahr, so hat der Nachwuchs Raum.

Rittersporn wünschen einen offenen und nahrhaften Boden. Sie gedeihen am besten, wenn man schon zur Pflanzung reichlich Kompost oder Dünger einarbeitet. **Wildstauden** in naturnahen Gehölzbereichen, im Steppen- oder Steingarten kommen mit deutlich weniger oder gar keinen Zusätzen aus.
Auch für Laubgehölze bietet sich der März als Pflanzmonat. Bei **Rosen** ist darauf zu achten, dass die Veredlungsstelle etwa 5 cm unter der Erde liegt, um Wildtrieben vorzubeugen. Anhäufeln nicht vergessen! So sind die frisch gepflanzten Edelgehölze gut geschützt gegen Wind, Sonne und Spätfröste. Der Erdschutz kann so lange bleiben, bis die Neutriebe etwa 10 cm Länge erreicht haben.

VORSPRUNG FÜR SOMMERBLÜHER

Ab März kann man *Canna*-Rhizome und Dahlienknollen vortreiben. So kommen sie nach den Eisheiligen mit Vorsprung ins Freie, blühen um einige Wochen früher als beim Nachbarn und sind besser gewappnet gegen Schnecken.
Die zwiebelartigen Wurzeln des Indischen Blumenrohrs (*Canna*) können vor dem Treiben in Stücke mit je 3 bis 5 Augen geteilt werden.
Topfen Sie die Speicherorgane in große Gefäße, die Sie ans helle Blumenfenster oder ins Gewächshaus stellen. Cannas können zimmerwarm stehen, Dahlien bevorzugen Temperaturen um 15 °C. Bis das erste zarte Grün sprießt, wird sparsam gegossen, dann regelmäßig. Gedüngt wird erst, wenn die Pflanzen ins Freie kommen.

Prachtstauden brauchen beste Bodeneigenschaften.

Was sonst noch zu tun ist

- Viele Stauden und Sommerblumen können am Fensterbrett oder im Frühbeet ausgesät werden.
- Das Besprühen von anfälligen Pflanzen mit Schachtelhalm-Tee beugt Pilzkrankheiten vor.
- Letzte Möglichkeit eines Heckenschnitts vor Beginn der Vogelbrutzeit!
- Der Rasen verträgt eine erste Düngung.

Zu unserer Freude können blühende Stiefmütterchen ins Beet gepflanzt werden, sobald es die Witterung erlaubt.

In einem neuen Gefäß warm aufgestellt, lassen sich die Speicherwurzeln des Indischen Blumenrohrs vortreiben.

Hecken

GLIEDERUNG UND SICHTSCHUTZ

Schnitthecken eignen sich vorzüglich, um kleine Gärten oder Vorgärten von unerwünschten Blicken und Wind abzuschirmen – mit immergrünen Arten sogar ganzjährig. Das einheitliche Grün kann im passenden Umfeld sehr elegant oder mitunter eintönig wirken. Dadurch bietet es aber einen ausgleichenden Hintergrund zu einem bunten Staudenbeet. Kompakt wachsende Schnittgehölze werden auch gerne dazu verwendet, um den Garten zu gliedern, Wege zu begleiten oder einzelne Beete einzufassen.

Die Pflanzabstände richten sich nach der gewünschten Höhe: für niedrige Einfassungshecken braucht man ca. 5–10 Pflanzen pro Meter Heckenlänge, für mittelhohe 2–4 Pflanzen und für über 2 m hohe Hecken 1–3 Pflanzen.

Frei wachsende Hecken benötigen zwar kaum Pflege, dafür aber deutlich mehr Platz als Schnitthecken; und sie sind nicht so blickdicht. Eine solche Hecke kann aus einer Art oder mehreren, bunt durchgemischten Blüten- oder Wildgehölzen bestehen. Je vielfältiger und »wilder« die Zusammenstellung, desto natürlicher wirkt die Hecke und desto beliebter ist sie (nicht nur) bei Vögeln und Insekten.

Gehölze für Schnitthecken

Laubgehölze: Feldahorn, Liguster, Hainbuche, Rotbuche, Kornelkirsche *(Cornus mas);* immergrün: Buchs, Stechpalme, Kirschlorbeer

Für niedrige Einfassungen: Sorten von Buchs, Kirschlorbeer und Japan-Stechpalme *(Ilex crenata,* immergrün), Berberitze, Fünffingerstrauch, Heckenkirsche *(Lonicera nitida,* immergrün),

Nadelgehölze: Eibe, Thuja, Scheinzypresse, Fichte

Gehölze für frei wachsende Hecken

Blühgehölze: Sommerflieder, Gartenflieder, Hartriegel *(Cornus alba),* Hundsrose, Deutzie, Kolkwitzie, Forsythie, Weigelie, Ranunkelstrauch *(Kerria japonica),* Pfeifenstrauch *(Philadelphus*-Hybriden), Spierstrauch oder Zierquitte

Heimische Wildgehölze: Kornelkirsche, Felsenbirne *(Amelanchier ovalis),* Haselnuss, Pfaffenhütchen, Schlehe, Holunder, Heckenkirsche *(Lonicera xylosteum),* Schneeball *(Viburnum opulus, V. lantana)*

Eine Schnitthecke sorgt in funktionaler wie in ästhetischer Hinsicht für eine saubere Trennung der Gartenbereiche.

Frei wachsende Hecken erzeugen keinen hermetischen Abschluss. Stattdessen entsteht eine wildnishafte Romantik.

Sommerblumen

LANGE BLÜTE – KURZES LEBEN

Sommerblumen verursachen einige Arbeit, weil sie jedes Jahr neu ausgesät werden müssen. Aber diesen Aufwand danken sie uns mit einer anhaltenden Blüte, die bei zeitiger Aussaat oft schon im Mai beginnt und häufig auch erst mit kräftigeren Frostnächten im Spätherbst endet. Damit ist auch ihr Lebenszyklus vorüber. Somit sind sie zwar kurzlebige Begleiter unseres Gartenlebens, bereichern aber den Blütenreichtum auf unseren Beeten enorm und prägen vorwiegend viele sonnige Gartensituationen.

Denn die meisten dieser schnelllebigen Blüher brauchen helle, warme Standorte und dazu eine regelmäßig gute Nährstoffversorgung, um sich so farbenprächtig verausgaben zu können. Nur wenige Arten, wie Fleißiges Lieschen oder Eisbegonie, kommen gut mit schattigen Lagen zurecht.

EINJÄHRIG ODER FROSTEMPFINDLICH?

Botanisch gesehen bilden Sommerblumen keine einheitliche Gruppe. Etliche der Arten, die wir unter dieser Bezeichnung oder als »Beet- und Balkonpflanzen« im Fachhandel finden, sind in Wirklichkeit mehrjährige Stauden oder gar Zwerggehölze. In einen Topf mit den Sommerblumen sind sie nur geraten, weil sie von ihrer ursprünglichen Herkunft unsere Frosttemperaturen nicht gewöhnt sind und deshalb bei uns im Winter absterben – wie die echten, einjährigen Sommerblumen, bei denen der kurze Lebensrhythmus genetisch geprägt ist. Die echten Einjährigen müssen daher durch Samen weiter vermehrt werden, und das tun sie unter passenden Standortbedingungen auch ohne unser Zutun.

Die eigentlich mehrjährigen Arten hingegen können geschützt überwintert (siehe S. 129/130) und dann weiterkultiviert oder durch Stecklinge vermehrt werden.

Die duftigen Blütenteller der Kosmeen oder Schmuckkörbchen entwickeln sich unkompliziert nach Direktsaat.

Genau genommen ist die Kokardenblume eine kurzlebige Staude. Sie wird Anfang April vorgezogen.

MANCHE BLÜHEN ERST IM ZWEITEN JAHR

Damit jedoch nicht genug: Der Fachmann unterscheidet auch noch die Biannuellen oder zweijährigen Sommerblumen: Ihr Lebensrhythmus ist darauf eingestellt, im ersten Jahr nur zu keimen und ein Laubgerüst anzusetzen, um dann (zumindest zum allergrößten Teil) erst im darauffolgenden Jahr zu blühen.
Die bekanntesten Vertreter dieser Lebensweise sind Stiefmütterchen und Vergissmeinnicht – typische Frühlingsblumen. Andere Arten, wie die Stockrose, könnte man nicht nur aufgrund ihrer Größe für Stauden halten. An zusagenden Standorten erscheinen sie tatsächlich jedes Jahr – allerdings durch Aussaat.
Die unterschiedlichen Herkünfte und Lebenszyklen führen dazu, dass die Sommerblumen auch hinsichtlich ihres Saattermins bzw. ihrer Saattermine recht unterschiedlich zu behandeln sind.

Die einjährigen Ziersalbei-Arten wie *Salvia farinacea* wollen schon im März warm vorkultiviert werden.

Aussaattermine gängiger Sommerblumen

Art	Aussaat
Bechermalve *(Lavatera)*	3 Vk, ab 4 D
Eisenkraut *(Verbena)*	2–3 Vk
Fleißiges Lieschen *(Impatiens)*	2–3 Vk
Jungfer im Grünen *(Nigella)*	4–6 D
Kapuzinerkresse *(Tropaeolum)*	3–5 D
Kokardenblume *(Gaillardia)*	4 Vk
Löwenmaul *(Antirrhinum)*	2–3 Vk
Maßliebchen *(Bellis)*	6 Vk
Petunie *(Petunia)*	2–3 Vk
Ringelblume *(Calendula)*	3–6 D
Schmuckkörbchen *(Cosmos)*	3–5 D (Vk)
Sommeraster *(Callistephus)*	3–4 Vk, 5 D
Sonnenblume *(Helianthus)*	Ab E. 3 Vk, ab M. 4 D
Stiefmütterchen *(Viola)*	6–7 Vk
Stockrose *(Alcea)*	6–7 D
Studentenblume *(Tagetes)*	3–5 D/Vk
Vergissmeinnicht *(Myosotis)*	7 D
Ziersalbei *(Salvia)*	3 Vk
Zinnie *(Zinnia)*	3–4 Vk

Vk = Vorkultur D = Direktsaat

Keimt und gedeiht unkompliziert, auch schon bei Direktsaat ab März: die Kapuzinerkresse.

Balkon & Terrasse

BEGINNENDES WACHSTUM

Licht und Wärme nehmen zu, die neuen Triebe drängen hervor und entsprechend dürfen die Pflanzen wieder mit mehr Wasser versorgt werden.
Wer seine Kübelpflanzen in einem dunklen Frostschutzraum lagern musste, der sollte sie nun wieder an Licht und Luft holen. Aber Achtung – natürlich ist die Frostperiode noch nicht vorüber! Daher lohnt es sich noch, eine Frühlingsbepflanzung anzulegen.

EINTOPFEN ALS STARTSIGNAL

Nun wird es auch Zeit, die Balkonpflanzen in ihre Gefäße zu setzen – egal, ob sie in ein platzsparendes Gefäß gepfercht oder nur mit nackten Wurzelballen überwintert wurden. Wo es bisher versäumt wurde, können die Pflanzen dabei auch noch ausgeputzt und zurückgeschnitten werden. Auch bei den Kübelpflanzen lohnt oft ein Umtopfen. Anschließend gut wässern! Falls nicht umgetopft werden muss, zeigen sich die Pflanzen dankbar dafür, wenn Sie eine etwa 1–2 cm starke Schicht frischen Substrats auf die Oberfläche streuen.
Wer nicht genug davon hat, kann die meisten Überwinterungsgäste noch rasch durch Kopfstecklinge vermehren.

Wenn Sie alte Tongefäße wiederverwenden wollen, sollten Sie zuvor die Kalkrückstände mit Essigwasser entfernen.

DIE RICHTIGEN GEFÄSSE

Bei den Gefäßen steht der Gärtner vor einer Auswahl verschiedenster Bauweisen: Kästen aus Ton, Holz, Kunststoff und anderen Materialien in allen denkbaren Formaten und Farben, manchmal sogar mit Wasserreservoir. Über Stil und Ästhetik muss jeder selbst urteilen. Ansonsten ist entscheidend, dass die Gefäße den Pflanzen genügend Wurzelraum bieten. In den billigsten Kästen ist das Wachstum von vornherein beschränkt, und die Wurzeln trocknen zwangsläufig rasch aus. Und vergessen Sie nicht, dass bei manchen Fabrikaten die vorgestanzten Abflusslöcher erst noch mit einem Schraubenzieher oder Ähnlichem durchgestoßen werden müssen.
Die alten Gefäße sollten vor der neuen Nutzung gründlich gereinigt werden. Das kommt nicht nur der Optik zugute: Auf diese Weise kann man auch dafür sorgen, dass keine Krankheitskeime vom letzten Jahr in die frische Bepflanzung eingeschleppt werden. Kalkrückstände lassen sich durch Einlegen in Essigwasser lösen.

IN DER WÄRME VORTREIBEN

Alle eingetopften Pflanzen kann man anschließend hell und wärmer aufstellen, um auf diese Art einen frühzeitigen Austrieb anzuregen.
Bei Knollenbegonien wird dieser Effekt traditionell genutzt, damit sie bald nach Ende der Frostperiode zu blühen beginnen. Dazu weicht man die Knollen über Nacht in lauwarmem Wasser ein, legt sie dann etwa 5 cm tief in eine substratgefüllte Schale, stellt diese hell bei Zimmertemperatur auf und hält die Erde gleichmäßig feucht.

Nutzgarten

VORBEREITUNG DER BEETE

Entfernen Sie die Mulchschicht, sodass die Frühlingssonne den Boden erwärmen kann. Anschließend darf der Boden flach gelockert werden. Bei dieser Gelegenheit kann man auch Kompost oder andere Bodenverbesserungsmittel einarbeiten. Zur Vorbeugung gegen die gefürchtete Kohlhernie empfehlen sich zum Beispiel gelegentliche Kalkgaben.
Es lohnt sich, jetzt bereits zwischen den Beeten Bretter auszulegen. Wenn Sie regelmäßig die jungen Schnecken absammeln, die gerne darunter Zuflucht suchen, dann retten Sie viele Jungpflanzen vor dem sicheren Verlust. Die Mehrzahl der Beete wird erst zu einem späteren Termin bestellt. Bis dahin lässt sich die Zeit zur Bodengesundung nutzen – zum Beispiel durch Einsaat einer Gründüngung wie Gelbsenf.

1 Zunächst zieht man für die Aussaat die Reihen; damit es eine gerade Linie wird, können Sie mit dem Gerätestiel einer zuvor gespannten Schnur entlang ziehen. Tiefe und Abstand der Rillen sind auf die Ansprüche der jeweiligen Kultur abzustimmen.
Bevor Sie dann die Samen möglichst gleichmäßig darin verteilen, empfiehlt es sich, die Vertiefung mit einer dünnen Schicht Reifkompost auszukleiden.

2 Nach der Aussaat wird die Rille zumindest bei den überwiegenden Dunkelkeimern wieder zugedeckt. Angedrückt wird jetzt nicht mehr; das geschieht besser schon zuvor, um den Samen einen guten Bodenschluss zu verleihen. Nach oben hingegen darf es locker und luftig sein.

3 Selbst wenn der Boden nass sein sollte, ist das Angießen unverzichtbar, weil es nochmals den Bodenschluss verbessert. Und auch in den nächsten Wochen ist auf die Wasserversorgung zu achten, damit die einmal gekeimten Samen nicht gleich wieder vertrocknen.

DIE ERSTEN FREILANDREIHEN

Im Februar konnten wir bereits die ersten hartgesottenen Gemüsearten ins Freiland entlassen. **Dicke Bohnen, Spinat, Möhren, Pastinaken, Säzwiebeln, Rettich** und **Radieschen** gedeihen nicht nur besser mit zunehmender Wärme – sie bekommen nun weitere Gesellschaft, nämlich **Steckzwiebeln, Pal-Erbsen, Chicorée, Mairüben und Schwarzwurzel,** ab Monatsmitte auch bereits **Rote Bete, Mangold** und **Petersilie.**

GESCHÜTZTE FREILAND-PFLANZUNGEN

Im Schutz eines Frühbeets oder einer Abdeckung herrschen etwas höhere Temperaturen, was sich durch eine raschere Keimung und Entwicklung bemerkbar macht. Bei den Abdeckungen unterscheidet man Vlies (ein luftdurchlässiges Gewebe) von den Kunststoff-Folien. Legen Sie diese locker über die Beete, sodass die Pflanzen auch nach einigen Wochen noch darin Platz haben. Die Ränder befestigen Sie am besten mit Erde, Steinen oder Stangen. Lochfolie stellt den Zugang von Luft und Wasser sicher, Schlitzfolien »wachsen« mit den Pflanzen. Unter derartigem Schutz können bereits frühe **Salat**-Sorten, **Kohlrabi** und **Lauch** gepflanzt beziehungsweise vorgezogen werden. Der Pflanzabstand für Kopfsalat, Eissalat, Kohlrabi beträgt etwa 25 x 25 – 30 cm.

VORKULTUR IN FRÜHBEET UND GEWÄCHSHAUS

Das Frühbeet sollte bei Frühlingstemperaturen gelegentlich gelüftet werden. Dann darf man auch beginnen, vorsichtig zu gießen, möglichst am Morgen eines mildtrockenen Tages.
Für die Vorkultur von **Tomaten, Paprika, Auberginen** und **Sellerie** ist ein beheizter Raum mit Temperaturen über 20 °C erforderlich. Im günstigsten Fall steht ein Gewächshaus mit Zusatzbelichtung zur Verfügung. Am Fensterbrett sollte man nicht vor Mitte des Monats mit der Anzucht beginnen. Auch Kopfkohl freut sich über eine warme Vorkultur.

SONDERKULTUREN UND KRÄUTER

War die Sonne bereits kräftig genug, die Erde tiefgründig aufzutauen, dann lassen sich nun Sonderkulturen wie **Rhabarber, Grünspargel, Topinambur** oder **Meerrettich** pflanzen. Sobald der Boden 7 °C warm ist, können auch noch Frühkartoffeln hinzukommen.
Auch diverse robuste Kräuterarten kann man unter günstigen Klimabedingungen setzen, wie Knoblauch, Zitronenmelisse, Liebstöckel oder Sauerampfer.
Kresse, Kümmel, Löffelkraut und Borretsch gehören zu den Würzkräutern, die man schon ins Freiland säen kann. Schnittlauch und Estragon hingegen müssen in beheizten Räumen vorgezogen werden.

Wer über ein Frühbeet verfügt, der kann jetzt schon zahlreiche Gemüsearten aussäen – und bald ernten.

Zwischen den Kohlrabi-Pflänzchen sind ca. 25 cm Abstand einzuhalten. Dann sind sie für eine Schutzdecke dankbar.

BAUMSCHEIBEN-PFLEGE

Die Obstbäume, die am frühesten blühen, sind am stärksten durch Spätfröste gefährdet. Eine dicke Mulchschicht auf der Wurzelscheibe verschiebt dabei den Blühtermin um einige Tage, weil sie die Erwärmung des Bodens etwa verzögert.
Alle **Obstgehölze** sollten im Rhythmus von zwei Jahren organisch gedüngt werden, die Düngemittel dabei flach auf der Wurzelscheibe einarbeiten.
Als besonders förderlich und nahrhaft gilt gut verotteter Mistkompost, aber auch Guano, Horn- und Knochenmehl sind grundsätzlich geeignet, bei Bedarf ergänzt um Gesteinsmehl oder Kalk.
In den übrigen Jahren wäre ein Gründünger die beste Lösung für eine bewuchsfreie Wurzelscheibe.
Bei Trockenheit hilft eine Wassergabe. So schaffen es die Knospen in möglichst vollständiger Zahl zur Blüte.
Im **Erdbeerbeet** empfiehlt es sich, krankes Laub zu entfernen. Dabei darf der Neuaustrieb nicht verletzt werden. Den Boden zwischen den Pflanzen sollte man anschließend flach lockern.

FRÜHJAHRSPFLANZUNG

Vor dem Austrieb der Obstgehölze kann man sie noch gut pflanzen. Bei wärmebedürftigen Arten wie **Pfirsich, Aprikose, Wein** und **Kiwi,** aber auch für **Himbeeren** und **Brombeeren** hat sich dieser Termin jedoch besonders bewährt.
Beschädigte oder überstehende Wurzeln werden dazu zurückgeschnitten, sodass sie gut in die mit Kompost vorbereitete Pflanzgrube passen. Sowohl bei den jetzt als auch bei den im Herbst gepflanzten Obstgehölzen wird anschließend ein Pflanzschnitt vorgenommen.

OBSTGEHÖLZSCHNITT VOR DER BLÜTE

Die Schnittmaßnahmen bei hohen Kernobst-Bäumen sollten Sie in diesem Monat abschließen. Beim Steinobst sowie bei zwergigen Baumformen kann im April noch weiter geschnitten werden. In diesem Stadium lassen sich Blatt- und Blütenknospen sehr gut unterscheiden. Bei Kernobst und Beerensträuchern kann man noch Steckhölzer gewinnen. Sie werden ebenso wie die Reiser, die im Winter geschnitten wurden, nach kurzem Austrocknen zur Bewurzelung in ein lockeres und nährstoffarmes Vermehrungssubstrat gesteckt. Anschließend stellt man die Gefäße hell auf, aber geschützt vor direkter Besonnung. Eine durchsichtige Haube sorgt für hohe Luftfeuchtigkeit.
Wer die Technik beherrscht, kann nun mittels Kopulation oder Rindenpfropfen Obstbäume veredeln. Einem Fremdbefruchter wie der Süßkirsche kann man dabei einen Ast der Befruchtersorte aufveredeln.

GESUNDHEITSPFLEGE IM OBSTGARTEN

- Krebs- und Frostwunden sollten mit Abschluss der strengen Frostperiode ausgeschnitten und fachgerecht versorgt werden.
- Entfernen Sie die Leimringe von den Obstbäumen.

Obstbaumkrebs ist eine Pilzinfektion.

Befallenes Holz entfernen und die Wunde versorgen.

Anbauplanung im Gemüsebeet

HOHE ANSPRÜCHE AN DEN STANDORT

Im Gemüsegarten tummeln sich Pflanzen mit den unterschiedllichsten Ansprüchen und Herkünften, wie die robusten Kohlköpfe und Möhren oder mediterrane Errungenschaften wie Artischocken und Auberginen. Damit sie alle gut gedeihen, orientieren wir uns am obersten Niveau und bieten ihnen ein möglichst geschützt gelegenes und sonniges Beet. Für besondere klimatische oder terminliche Ansprüche kann man natürlich ein Frühbeet oder Gewächshaus bereitstellen.
Auch hinsichtlich der Bodenqualität sollten wir versuchen, die höchsten Ansprüche zu erfüllen. Deshalb wird der Boden bei der Vorbereitung gut gelockert und dabei natürlich von Unkräutern und anderen unerwünschten Zutaten befreit. Dann kann man ihn bei Bedarf mit Nährstoffen (siehe Bodenuntersuchung S. 35) und mit Kompost (siehe S. 126) versorgen und abschließend mit einem Rechen einebnen. Sofern die Zeit reicht bis zur ersten Bestellung, wirkt es auch immer förderlich, wenn man noch einen Gründünger einsät. Die übliche Beetbreite beträgt 120 cm, sodass sich auch die Mitte des Beets mühelos bearbeiten lässt.

Bei geschickter Anbauplanung wird der Platz ständig gut ausgenutzt, ohne dass sich die Pflanzen behindern.

FRUCHTWECHSEL

Die Unterschiede hinsichtlich des Nährstoffbedarfs werden nach alter Sitte durch die Fruchtfolge gewürdigt. Dies bedeutet, dass man in einem 4-jährigen Rhythmus zunächst ein Beet mit vorgerottetem Mist versorgt und darauf die hungrigsten Kulturen anbaut, die sogenannten Starkzehrer. Im zweiten, dritten und vierten Jahr folgen Gemüsearten mit jeweils etwas geringeren Ansprüchen, bis dann das Beet erneut mit Mist in den besten Ernährungszustand versetzt wird.
Passend zu den jeweiligen Nährstoffansprüchen kann man den Anbauplan noch durch Arten mit geringerem Zeitbedarf ergänzen in Form von Vor- bzw. Nachkulturen. Wenn man dieses Prinzip auf vier Beeten verfolgt, finden jedes Jahr alle Kulturen reihum ihren angemessenen Platz.
Die Umsetzung wird in der Praxis kompliziert, weil nicht nur die zeitliche, sondern auch die räumliche Zusammenstellung der Gemüsearten eine wesentliche Rolle spielt für den späteren Ernteerfolg. So bepflanzt man heute aus verschiedenen Gründen das Beet nicht mehr mit nur einer Art.

MISCHKULTUR

Stattdessen hat sich die Mischkultur durchgesetzt. Unter anderem aus der Erfahrung heraus, dass die meisten Pflanzen in einer Gemeinschaft bzw. in bestimmten Kombinationen besser gedeihen als in Monokultur.
Sie ergänzen sich beispielsweise in der Nährstofferschließung und Raumaufteilung oder schützen sich gegenseitig gegen Schädlinge und Krankheitserreger.
Es gibt dabei ausgesprochen förderliche Kombinationen unter den Gemüsearten. Man muss allerdings auch wissen, dass sich manche neutral verhalten und andere sich sogar gegenseitig das Leben schwer machen.
Derartige Gemeinschaften auf einem Beet sind tunlichst zu vermeiden.

Positive Partnerschaften

Hauptkultur	Positive Partner	Negative Partner
Blumenkohl	Sellerie, Lauch, Gurken	
Bohnen	Kohlrabi, Salate, Rettich, Sellerie	Zwiebeln, Lauch, Fenchel
Kohlrabi, Brokkoli	Salat, Rettich, Rote Bete, Bohnen	Zwiebeln
Kopfkohl, Möhren	Tomaten, Zwiebeln, Lauch, Knoblauch, Salate, Erbsen, Tagetes	
Rettich, Radieschen	Salate, Kohl, Tomaten	Fenchel
Salate	Alles	(Sellerie)
Tomaten	Kohl, Lauch, Rettich, Sellerie, Salate	Erbsen, Fenchel
Zucchini	Salate, Bohnen, Erbsen	
Zwiebeln, Lauch	Salate, Möhren, Gurken, Erdbeeren	Bohnen, Erbsen, Kohl

Das Spektrum erweitert sich noch durch förderliche Partnerschaften mit zahlreichen Gewürzkräutern.

ABSTÄNDE EINHALTEN!

Für das gesunde Wachstum unserer Nahrungspflanzen sind auch die Pflanzabstände von wesentlicher Bedeutung. Die Pflänzchen brauchen ausreichend Platz für ihre Entwicklung, Wurzelraum zur Erschließung der Nährstoffe und nicht zuletzt einen lichten und luftigen Stand, sodass sie die Sonnenstrahlen ungetrübt nutzen und nach einem Schauer wieder rasch abtrocknen können. Vor allem Letzteres ist eine wichtige Voraussetzung, damit sich Schimmel- und Fäulniserreger nicht so leicht ansiedeln können. Andererseits wollen wir den wertvollen Gartenraum möglichst intensiv nutzen.
In den Fachbüchern findet man üblicherweise die Angaben für Abstände zwischen den Reihen und innerhalb der Reihe. Aber damit sind nur die Abstände innerhalb dieser Art gemeint! In der Mischkultur ist die Umsetzung schwieriger, weil die Distanzbedürfnisse zweier Arten kombiniert werden müssen. Rechnerisch lässt sich der optimale Abstand am besten ermitteln, indem Sie die beiden Zahlen zusammenzählen und durch zwei teilen.

Möhren und Zwiebeln (oder ersatzweise Lauch) ist der Klassiker unter den erfolgreichen Mischkulturen.

Pflanzfertig:
TANTOP

April

Dass sich der Frühling voll entfaltet hat, lässt sich gleichermaßen an blühenden Gehölzen wie an brütenden Vögeln ablesen. Wer jetzt nicht gärtnert, den bestraft die Ernte!

Wohl hundertmal schlägt 's Wetter um –
das ist dem April sein Privilegium.

Es fängt an mit dem 1. April, an dem jeder mit jedem seinen Schabernack treiben darf, und setzt sich – zumindest nach früheren Erfahrungen – über den gesamten Monat fort: Innerhalb kürzester Zeit kann man vom Sonnenschein in einen Schneesturm geraten und muss deshalb ständig auf alles vorbereitet sein. Zum Beispiel darauf, manch zarten Austrieb rasch abzudecken, der sich mühselig der Sonne entgegenstreckt und nun doch noch dahingerafft werden könnte.

Doch im Laufe des Klimawandels in den letzten Jahren hat uns der April auch ein anderes Gesicht gezeigt. Dann war er mitunter wärmer und zuverlässiger als die Monate davor – und die danach!

OBSTBLÜTEN UND NACHTFROST

In solchen Fällen kann der April sein ganzes Potenzial vor Augen führen, und das ist nicht zu verachten: Die schon im März genannten Zwiebelblumen werden ergänzt um weitere, größere Tulpen- und Narzissen-Sorten, durch Tränendes Herz und Frühlingsmargerite. Am Rand der Beete bedecken Blaukissen, Steinkraut, Gänsekresse & Co. ihre Polster mit Blüten.

Imposant blühende Gehölze prägen maßgeblich das Bild des Frühlingsgartens, wie Forsythie, Magnolie, Rhododendron, auch bereits Flieder und Goldregen und vor allem eine Vielzahl von Obstgehölzen. An ausreichend sonnig-warmen Tagen, wie wir sie uns für Ostern wünschen, werden die Blüten bereits fleißig von Bienen besucht. Im Geäst dichter Heckengehölze und an anderen geschützten Plätzen sitzen zudem zahlreiche Singvögel beim Brüten, wie Sperling, Meise, Buchfink, Rotkehlchen, Elster, Star und Zaunkönig.

Wenn allerdings noch ein später Nachtfrost die weiße oder rosa gefärbte Blütenpracht heimsucht, dann fällt in diesem Jahr auch die Ernte der betroffenen Früchte aus. Unsere Vorväter haben solche Gefahren häufig im Zeichen des Vollmonds beobachtet:

Heller Mondschein im April
schadet den Blüten viel.

Allgemein

DEN SCHNECKEN AUF DER SPUR

Von wegen Schneckentempo – in einer einzigen feuchtwarmen Nacht können sich die gierigen Kriechtiere querbeet durch den Garten fressen. Schleimspuren führen zu ratzekahl abgeraspelten Salatpflänzchen, kopflosen Blumenstängeln und hässlich durchlöcherten Blättern. Es gibt hunderte mehr oder weniger wirksame Tipps gegen die gefräßigste aller Gartenplagen. Mit einem allein steht der Gärtner allerdings auf verlorenem Posten – besser ist eine sinnvolle Kombination aus mehreren Maßnahmen.

VORBEUGENDE MASSNAHMEN

- Schaffen Sie vielfältige Lebensräume für die **natürliche Gegenspieler:** Vögel, Igel, Eidechsen, Frösche u. a.
- Schnecken fühlen sich in schweren, feuchten Böden wohl. Ungemütlicher wird's im garen, feinkrümligen **Boden,** der sich langfristig durch Einarbeiten von Kompost, Sand, Kalk und Gesteinsmehl verwirklichen lässt.
- **Mulchdecken** bieten den Schnecken Zuflucht. Je größer die Schneckengefahr, umso dünner sollte die Mulchschicht ausfallen. Entfernen Sie den Wintermulch sehr zeitig im Frühjahr – und mit ihm viele Schneckeneier.

Schneckenzäune sind hilfreich, wenn man den Innenraum schneckenfrei hält und keine Überbrückung zulässt.

SCHNECKENABWEHR

- Sicherstes Abwehrmittel sind **Schneckenzäune.** Achten Sie darauf, dass keine pflanzlichen Brücken für die Kriecher entstehen. Elektrische Zäune bieten kaum Vorteile, da sie sehr störungsanfällig sind.
- Lockmittel wie **Bierfallen** sind nur in Kombination mit Schneckenzäunen zu empfehlen. Der Duft im »Biergarten« lässt die Schnecken nämlich von weither anreisen – und die Zahl der Tiere nimmt trotz der Fangerfolge ständig zu.
- Holzbretter, Wegplatten oder große Gemüseblätter dienen als **künstliche Schlupfwinkel,** unter denen man die Schnecken bequem absammeln kann.
- Als **Köderpflanzen** gelten Tagetes, Gelbsenf und Salat. Wer solche Arten als Randbepflanzung opfert und die schleimigen Gesellen regelmäßig absammelt, dessen übriges Gemüse bleibt weitgehend verschont.
- Regelmäßiges **Hacken** zerstört Schneckenverstecke und befördert die (Frühstücks-)Eier für Vögel an die Luft. Sie werden es Ihnen danken.
- Wer auf chemische Bekämpfung nicht verzichten möchte, sollte auf möglichst **umweltschonende Mitte**l mit dem Wirkstoff Eisen-III-Phosphat (Ferramol, Fa. Neudorff) zurückgreifen.

BRÜTENDE VÖGEL

Im April beginnt die Brutzeit vieler Vögel. Im dicht verzweigten Astwerk einer Hecke finden sie ideale Bedingungen, um ihren Nachwuchs großzuziehen. Dem Naturfreund dürfte es nicht schwerfallen, bei den Schnittmaßnahmen auf die gefiederten Freunde Rücksicht zu nehmen. Am besten beobachtet man die Hecke und wartet mit dem Schnitt, bis die Jungvögel ausgeflogen sind. Wer seine Hecke schon im Winter in Form gebracht hat, kann mit dem zweiten Schnitt ohnehin bis zum Ende der Brutzeit, dem Spätsommer, warten. Die Nahrungssuche sollte man dabei den Altvögeln überlassen und keine Fütterung mehr vornehmen!

Fachgerechte Düngung

DIE ESSENZIELLEN NÄHRSTOFFE

Pflanzen brauchen bestimmte Nährstoffe zum Wachstum, die je nach Art und bisheriger Nutzung des Bodens in unterschiedlichen Mengen vorhanden sind, sowohl in seinen mineralischen als auch organischen Anteilen.
Als Haupt-Nährstoffe werden Stickstoff (N), Phosphor (P) und Kalium (K) bezeichnet, gelegentlich wird auch Magnesium (Mg) dazu gerechnet. Auch Kalk (Calcium) taucht öfter in diesem Zusammenhang auf, doch hinsichtlich der Pflanzenernährung ist er eher zu den Spurenelementen zu zählen. So nennt man chemische Elemente, die zwar nicht in großen Mengen für das Wachstum benötigt werden, aber doch eine wichtige Funktion erfüllen. Wenn dann Elemente wie Eisen oder Mangan nicht verfügbar sind, macht sich das in Blattvergilbungen bemerkbar.
Nährstoffe im Boden sind nicht auch zwangsläufig in ausreichendem Maß für die Pflanzen verfügbar. Dies hängt von verschiedenen Bodenfaktoren ab (siehe S. 36).

DÜNGEMITTEL FÜR JEDEN ZWECK

Im Gartencenter finden wir unzählige Düngemittel verschiedener Herkünfte für die unterschiedlichsten Kulturen. Grundsätzlich ist zu unterscheiden zwischen organischen und mineralischen Düngern. Bei organischen Düngern sind die Nährstoffe in organischen Substanzen gebunden und müssen erst durch Mikroorganismen daraus gelöst werden. Mineralische Dünger sind wasserlöslich; die Pflanzen können ohne Umwege auf solche Nährstoffe zugreifen. Allerdings werden sie auch leicht ausgewaschen und so zur Umweltbelastung statt zur Pflanzennahrung.
Am häufigsten sieht man Mehrnährstoffdünger. Diese enthalten Stickstoff, Phosphor und Kalium in einem günstigen Verhältnis. Doch die Gartenakademien warnen seit Jahrzehnten vor deren Verwendung, weil die meisten Böden mit Phosphor, teilweise auch mit Kalium überfrachtet sind. Selbst Kompost darf vor diesem Hintergrund nur sehr zurückhaltend verabreicht werden.

Kompost ist ein wertvolles Substrat – und ein Volldünger. Man sollte ihn daher nur in durchdachter Dosis ausbringen.

Um Einzelnährstoffe gezielt zu verabreichen, gibt es zahlreiche Dünger organischen oder mineralischen Ursprungs.

Einzelnährstoff-Dünger	Haupt-Nährstoff	Andere Bestandteile
Stickstoff (N)		
Hornmehl, -späne[1)]	10–15 %	5 % P
Rizinusschrot[1)]	5–8 %	u .a. P + K
Schwefelsaures Ammoniak[2)]	20 %	(bei hohen pH-Werten)
Kalkammonsalpeter[2)]	12–18 %	ca. 30 % Ca
Phosphor (P)		
Knochenmehl[1)]	ca. 20–30 %	u .a. N+ K
Guano[1)]	ca. 12 %	u .a. N+ K
Thomasphosphat[1)]	15–18 %	ca. 40 % Ca
Superphosphat[2)]	15–18 %	(bei hohen pH-Werten)
Kalium (K)		
Vital Kali[1)]	40 %	
Holzasche*[1)]	ca. 8–10 %	40–50 % Ca
Kalimagnesia, Kaliumsulfat[2)]	25–30 %	5–10 % Mg
Magnesium (Mg) s. a. Kalimagnesia		
Bittersalz[2)]	20–30 %	Spurenelemente

[1)] = organisch [2)] = mineralisch

* = Holzasche ist zwar organischen Ursprungs, aber die Nährstoffe liegen mineralisch vor.

Empfohlen wird stattdessen, auf der Basis einer Bodenprobe (siehe S. 35) gezielt sogenannte Einzelnährstoffdünger zur Bedarfsdeckung einzusetzen. Hornspäne und Hornmehl beispielsweise liefern organisch gebundenen Stickstoff, der nach und nach frei wird.

NICHT ZU VIEL – NICHT ZU WENIG

Der beste Termin, um Nährstoffe in den Boden einzuarbeiten, ist im Frühjahr vor Beginn der Wachstumsperiode. Anspruchsvollere Kulturen brauchen auch während der Saison noch die eine oder andere Gabe, zum Beispiel starkzehrendes Gemüse oder Balkon- und Beetblumen. Wenn sie nicht ausreichend ernährt werden, zeigen sich klassische Symptome. Bei Stickstoff-Mangel zum Beispiel bleiben die Pflanzen klein und schwach gefärbt. Ohne Phosphor leidet der Blütenansatz, und bei zu geringer Kali-Versorgung werden die Zellwände weicher und damit anfälliger für Schädlinge und Krankheiten. Letzteres kann allerdings auch bei einem Zuviel an Stickstoff passieren, weil die Zellen wässrig aufgeschwemmt werden. Nicht nur beim Stickstoff, sondern generell gilt für die Ernährung, dass ein Überschuss genauso schädlich sein kann wie ein Mangel. Das Motto des Gärtners sollte also nicht heißen: Viel hilft viel. Stattdessen ist das richtige Maß das Ziel.

Der Mangel an Nährstoffen macht sich häufig durch eine Verfärbung der Blätter bemerkbar.

Ziergarten

ROSENSCHNITT

Ein regelmäßiger Rückschnitt hält Rosen wüchsig und gesund und fördert die Blühfreude. Der beste Zeitpunkt hierfür liegt im April, wenn keine heftigen Fröste mehr drohen. Die Pflanzen treiben dann schnell und kräftig aus und holen früher geschnittene Rosen locker wieder ein. Nur in milden Lagen ist ein Schnitt im März sinnvoll.
Für **Beet- und Edelrosen** ist ein jährlicher Frühjahrsschnitt unentbehrlich. Sie blühen am diesjährigen Holz, also an den Trieben, die nach dem Schnitt sprießen. Es gilt die Regel: Je stärker der Rückschnitt, umso kräftiger der Neuaustrieb. Um einen gleichmäßigen Aufbau zu erreichen, schneidet man die schwach wachsenden Triebe stark zurück, etwa auf drei bis fünf Augen. Bei den starken Trieben lässt man sechs bis acht Augen stehen.
Öfterblühende Strauchrosen und **Englische Rosen** können wie überdimensionale Beetrosen behandelt werden. Für eine ausgewogene Form kürzt man schwache Triebe um zwei Drittel und starke um ein Drittel.
Wildrosen und **einmalblühende Strauchrosen** brauchen keinen Rückschnitt. Da sie am mehrjährigen Holz blühen, würde damit ein Großteil des Flors verloren gehen. Es reicht, alle paar Jahre die vergreisten, kranken und dürren Triebe herauszunehmen.
Dauerblühende Kletterrosen müssen behutsam geschnitten werden, da sie ihren üppigsten Flor meist erst am mehrjährigen Holz bilden. Der jährliche Frühjahrsschnitt beschränkt sich auf das Entfernen alter und zu dicht stehender Triebe und das Einkürzen junger Seitentriebe auf drei bis fünf Augen.
Einmalblühende Kletterrosen (Rambler) sind äußerst wüchsig und daher schwer zu korrigieren. Um die Pflanzen vital zu halten, werden nach der Blüte (!) die Seitentriebe gekürzt und zu dicht gewachsene oder schwache Zweige entfernt.

TIPP Rosen wollen nach dem Frühjahrsschnitt gedüngt werden!

PFLANZMONAT APRIL

Im launischen April finden Stauden und Gehölze günstige Anwachsbedingungen: Der Boden ist bereits erwärmt, und der Frühlingsregen liefert die Feuchtigkeit. Vor allem **Koniferen** und **immergrüne Laubgehölze** möchten unter solchen Umständen in die Erde.
Zur Pflanzung wählt man einen trüben Tag, um Verdunstung und Wurzelstress möglichst gering zu halten. Ttrockene Ballen kann man kurz ins Wasser tauchen, bevor sie in die Erde kommen. Anschließend sind die Pflanzen gut anzudrücken und anzugießen. Das fördert den Bodenschluss und ermöglicht rasches Anwachsen.

Was sonst noch zu tun ist

- Robuste Sommerblumen wie Mädchenauge, Tagetes, Kosmee, Lupinen, Sonnenblume, Schleierkraut, Ringelblume u. a. können direkt ins Beet gesät werden.
- Letzter Termin für die Pflanzung von Zweijahrsblumen.
- Auch in rauen Gegenden kann jetzt der Winterschutz entfernt werden.
- Bei Bedarf Prachtstauden und Ziergehölze mit Kompost und Dünger (z. B 80 g/m² Hornmehl) versorgen.

Bei den Beetrosen schneidet man schwach wachsende Triebe stärker zurück als die stabileren.

Blumenbeete – attraktiv arrangiert

EIN BEET ANLEGEN

Ein blühendes Beet ist der Stolz eines jeden Gartenbesitzers. Wenn Blumen, Blatt- und Strukturpflanzen zu stimmigen Gemeinschaften arrangiert sind, bieten auch sie die ganze Wachstumssaison über Nahrung – nicht nur für die Seele.
Bei einer Neuanlage oder Umgestaltung stimmen wir die Beetform mit dem Haus- und Gartenstil ab. Eine formale Rabatte gibt den passenden Rahmen für eine üppige Schaupflanzung, während eine wildromantische Naturpflanzung besser in organisch geschwungenen Beetgrenzen zur Geltung kommt.
Die Größe des Beetes sollte dem Garten angepasst sein. In großen Gärten wirken kleine Beete oft verloren. Dort können großzügige Pflanzflächen verwirklicht werden, die es erlauben, mittels unterschiedlicher Pflanzenhöhen und wiederholten Bildern Spannung zu erzeugen. In kleinen Beeten lässt sich dieser Effekt nur erzeugen, wenn man auf kompakt wachsende Sorten zurückgreift.

GESTALTEN MIT FARBEN

Jede Blütenfarbe hat ihre eigene Wirkung und kann gezielt eingesetzt werden. Ein in Gelb und Orange gehaltenes Beet wirkt sehr anregend und verbreitet Sommerstimmung. Den Leseplatz würde man aber eher mit Blau, Violett oder zarten Pastelltönen versehen, die Gelassenheit und Ruhe ausstrahlen.
Das Zusammenspiel bestimmter Einzelfarben macht den besonderen Reiz einer Pflanzung aus. Ein willkürliches Durcheinander aller Farben würde unruhig wirken. Viel reizvoller sind **Komplementärkontraste,** also Farben, die sich im Farbkreis gegenüberliegen, wie zum Beispiel Gelb–Violett oder Orange–Blau. Sogenannte **Ton-in-Ton-Kombinationen,** die nahe beieinanderliegende Farben miteinander verbinden, strahlen Harmonie und Eleganz aus. Weiß, Silber oder Grau gelten als Neutralfarben. Damit lassen sich bunte Farbklänge noch besser in Szene setzen sowie dunkle Schattenpartien aufhellen.

Bei der Gestaltung eines Beets sollte man Wuchshöhen und -formen, Blütezeiten und Blütenfarben abstimmen.

Die Blüten in kräftigen Farben werden hier durch Gräser und Polster zu einem harmonischen Ganzen verknüpft.

STRUKTUREN SCHAFFEN

In einem lebendigen Beet wechseln sich unterschiedliche **Wuchshöhen und -formen** ab. Die kleinen Arten kommen an den Beetrand, dahinter werden vornehmlich halbhohe Pflanzen angesiedelt, und abschließend folgen die großen. So kommen auch Kleingewächse zur Geltung, und der Gartenraum erhält räumliche Tiefe. Bei einem Inselbeet, das von mehreren Seiten einzusehen ist, platziert man die höchsten Pflanzen in der Beetmitte. **Strukturpflanzen** wie Gräser, Farne und andere dekorative Blattpflanzen gliedern das Beet und geben dem Auge Halt zwischen all den Farben. Zusätzliche Spannung verspricht das Zusammenspiel verschiedener Blattstrukturen, etwa schwungvoller Gräser und großlaubiger Arten wie Funkien oder Frauenmantel.

TIPP Frühjahrsblüher setzt man am besten zwischen aufstrebende Arten, von denen sie nach dem Einziehen kaschiert werden.

VORGEHENSWEISE

Als Erstes setzt man die **Leitstauden.** Sie sollen mit aufstrebender Wuchsform und auffälliger Blüte über möglichst weite Strecken der Saison den Ton angeben. Prächtige Führungskräfte sind Rittersporn, Pfingstrosen, Sonnenbraut, Eisenhut oder auch Rosen und andere kleine Ziergehölze. Solche Highlights verteilt man naturgemäß in geringer Stückzahl und abwechslungsreicher Rhythmik über das Beet.

Den hohen Prachtexemplaren werden **Begleitstauden** zur Seite gesetzt, die deren Akzent entweder harmonisch fortführen oder spannend kontrastieren. Sie sind etwas niedriger und werden üblicherweise in kleinen Gruppen gesetzt.

Schließlich benötigt man kleinere **Füllpflanzen,** die verbleibende (Blüh-)Lücken schließen und höhere Arten verbinden. Dazu zählen auch unverzichtbare Saisonarbeiter wie die Zwiebelblüher oder die unermüdlichen Sommerblumen.

Die Kombination zeitgleich und innerhalb eines Farbtons blühender Arten ist eine Herausforderung für den Gestalter.

Weiße Blüten und silbrig-graue Blätter wirken klar und freundlich. Damit können sie kräftige Farben neutralisieren.

Rasen- und Wiesenflächen anlegen

RASEN ODER WIESE?

Eine Fläche, auf der ausschließlich Gräser wachsen, bezeichnen wir als Rasen. Dies funktioniert jedoch nur, wenn regelmäßig gemäht und gedüngt wird. Nur so können sich die Gräser gegen andere Kräuter durchsetzen und werden so robust, dass man auf ihnen laufen, liegen und spielen kann.

Eine Wiese dagegen eignet sich nicht für eine solche intensive Nutzung, da man sie nur wenige Male im Jahr mäht. Der Lohn ist stattdessen eine Vielfalt an Wildblumen und Kräutern.

Darüber sollte man sich vor der Anlage solcher Flächen klar sein. Der Unterschied liegt jedoch nicht nur in der Nutzung, sondern macht sich auch in der gestalterischen Wirkung bemerkbar: Während eine bunte Blumenwiese ein eigenes Element darstellt, das die Aufmerksamkeit auf sich zieht, bildet der Rasen eher eine beruhigende monochrome Kulisse für das Farben- und Formenspiel, das die angrenzenden Blumenbeete oder andere Gestaltungselemente bereit halten.

DIE RICHTIGE MISCHUNG

Mit der Wahl des Saatguts legt man sowohl die spätere Nutzung als auch die Pflegeintensität fest. Für den durchschnittlichen Garten reicht ein **Allzweck- oder Universalrasen** mit robusten Grasarten; er erfordert die Pflege, wie wir sie von einem Rasen gewohnt sind (siehe S. 66). Wer dem Rasen besondere Belastungen zumuten will, der sollte zu einem strapazierfähigen **Sportrasen** greifen. Dieser erfüllt seine Funktion umso besser, je öfter er gemäht wird. Ein Zierrasen, der akkurat sein soll wie ein **Englischer Rasen,** stellt die höchsten Ansprüche. Die in dieser Samenmischung vertretenen Grassorten zeigen ihre Vorzüge allerdings nur bei intensivster Pflege.

Den geringsten Pflegeaufwand hat man mit einem **Blumenrasen.** Diese Hybride aus einem Rasen und einer Blumenwiese wird nämlich nicht gedüngt und gerade so oft gemäht, wie es der Rasenmäher erlaubt. Dadurch können zahlreiche reizvolle Blümchen und Kräuter für Abwechslung und Vielfalt zwischen den Gräsern sorgen.

Nach der Aussaat auf der geebneten Fläche lässt sich durch eine Walze ein guter Bodenkontakt der Samen herstellen.

Eine bunte Blumenwiese ist eine Alternative, die völlig anders angelegt, gepflegt und genutzt wird als ein Rasen.

BODENVORBEREITUNG

Als Erstes sollten Sie Steine und andere Fremdkörper herausrechen sowie Unkräuter entfernen, um den Samen eine glatte, fein krümelige Oberfläche anbieten zu können. Zudem sollte der Untergrund für Rasensaaten – nicht für Blumenwiesen! – von vornherein gut mit Nährstoffen versorgt sein.
Daher empfiehlt es sich, bereits bei dieser Vorbereitung nach Maßgabe einer Bodenprobe (siehe S. 35) Dünger einzuarbeiten. Eine dünne Schicht reifen Komposts als Bodenauflage ist in jedem Fall förderlich für die Keimung der Samen.

FACHGERECHTE AUSSAAT

Auf der so vorbereiteten Fläche kann dann von Hand oder mithilfe eines Streuwagens möglichst gleichmäßig die Saatgutmischung ausgebracht werden. Für eine großflächige Aussaat ist es umso wichtiger, dass die Witterung günstige Keimbedingungen bietet, nämlich gleichermaßen Wärme wie Feuchtigkeit. Diese sind im späten Frühjahr sowie im Spätsommer am zuverlässigsten gegeben.
Im Anschluss an die Aussaat ist besonders darauf zu achten, dass die Samen guten Bodenschluss erhalten. Der Bastler fertigt sich dazu zwei Bretter an, die er an seinen Füßen befestigen kann, um damit über die Fläche zu gehen.
Wer hingegen dem Beispiel der Profis folgen will, der leiht sich im Fachhandel eine schwere Walze aus und drückt damit die Aussaat an. Wenn dann die Fläche in den nächsten Wochen bei Bedarf gewässert und nicht weiter gestört wird, sollten die ersten Grasspitzen nicht lange auf sich warten lassen.

ROLLRASEN – DIE SCHNELLE LÖSUNG

Wer es nicht abwarten kann, bis die ersten Samen gekeimt sind und eine dichte Decke bilden, die problemlos betreten werden kann, für den gibt es eine schnellere, aber auch teurere Lösung: den Rollrasen.
Bei dieser Methode holt man sich fertige Rasenflächen, die von speziellen Gartenbaubetrieben in dünnen Bodenschichten vorkultiviert wurden und zumeist in langen Stücken eingerollt sind. Man kann aber auch im eigenen Garten schöne Rasensoden abstechen und auf nachfolgende Weise einsetzen.
Der Boden sollte grundsätzlich genauso vorbereitet werden wie für die Aussaat: Auch hier ist ein ebener, krümeliger Untergrund ohne Fremdkörper die beste Voraussetzung für das Anwachsen. Dann rollt man die Soden vor sich her und schneidet die Ränder mit einem Messer zu. Verbleibende Lücken können Sie mit kleinen Stücken flicken. Abschließend muss auch der Rollrasen gut angedrückt und gewässert werden, damit sich die Wurzeln rasch mit dem Untergrund verbinden.

Der in dünnen Schichten vorkultivierte Rollrasen lässt sich wie ein Teppich auf dem kahlen Untergrund ausrollen.

Balkon & Terrasse

EINTOPFEN UND ABHÄRTEN

Versäumen Sie nicht, die überwinterten Balkonpflanzen zeitig in die vorgesehenen Gefäße zu setzen. Dadurch können Sie bis zum Beginn der Freiluftsaison schon gut einwurzeln, um dann an ihrem Standort möglichst bald ins Blühstadium zu kommen.
Der Prozess lässt sich unterstützen, wenn Sie die Pflanzen abhärten. Zum Beispiel indem Sie an milden Tagen die Fenster weit öffnen oder die Kästen sogar schon rausstellen. Dabei sind allerdings nicht nur allzu kühle Temperaturen zu vermeiden, sondern auch direkte Sonnenstrahlen, die zu Verbrennungen führen können. An einem schattigen Standort im Freien können sich die Blätter dann allmählich wieder an die UV-Strahlen gewöhnen.
Wer seine Lieblings-Geraniensorte noch schnell aus dem selbst überwinterten Material vermehren will, für den wird es höchste Zeit, um rasch noch einige Stecklinge abzunehmen und in lockerem Substrat zur Bewurzelung zu bringen.

DAS RICHTIGE SUBSTRAT

Der verwendeten Erde kommt wesentliche Bedeutung zu für die Wachstumserfolge der kommenden Saison. Dabei gibt es nämlich große Qualitätsunterschiede. Sie betreffen zum Beispiel die Fähigkeit zur Speicherung von Wasser und Nährstoffen, die Luftführung und die Freiheit von Krankheitskeimen. Greifen Sie daher besser gleich zur Markenware aus dem Gartenfachhandel, anstatt sich mit dem Sonderangebot aus dem Supermarkt eine Enttäuschung einzuhandeln.
Man kann der Erde einen Langzeitdünger als Grundversorgung mitgeben, sofern diese nicht schon vom Hersteller beigemischt ist. Die regelmäßige Flüssigdüngung allerdings sollte erst einsetzen, nachdem die Pflanzen gut eingewurzelt sind.

DIE GROSSEN EXOTEN DRÄNGEN INS FREIE

Auch bei den exotischen Blütengehölzen, die wir im Kübel frostgeschützt überwintert haben, ist es gelegentlich erforderlich, sie in neues Substrat oder neue Gefäße zu setzen. Dies sollte zeitig vor ihrem Auftritt auf der Terrasse geschehen.
Aufgrund ihrer Herkunft würden zwar die wenigsten unsere kalten Winter überstehen, aber einige vertragen doch ein paar Minusgrade und können relativ bedenkenlos – jedoch unbedingt unter Einhaltung einer Abhärtungsphase! – ins Freie gestellt werden. Oleander, Aukube, Sternjasmin, Hanfpalme, Granatapfel und Rosmarin gehören zu den bewährten Kübelpflanzen, die leichte Minustemperaturen vertragen.

DIE SONNE LOCKT

Die Aprilsonne und die Angebote in den Gartencentern verlocken dazu, bereits eine Balkonpflanzung anzulegen. Oft geht das gut; manchmal muss man allerdings auch noch mal von vorne beginnen, wenn eine überraschend herbe Frostnacht die ganzen mühsam gezogenen Pflänzchen wieder dahinrafft.

Geranien und andere Balkonpflanzen sollten rechtzeitig vor der Saisoneröffnung frisch aufgepflanzt werden.

Nutzgarten

Pflanzungen
Salate, Lauch, Zwiebeln, Kohl-Pflänzchen wie Kohlrabi, Blumenkohl, Brokkoli und Kopfkohl. Pflanzabstände für Blumen- und Kopfkohl: etwa 40 x 40 – 50 cm. **Frühkartoffeln** legt man etwa 10 cm tief, mit 30 – 40 cm Abstand in Reihen von 70 cm Abstand. Auch **Grünspargel** wird jetzt gepflanzt.

VORKULTUR WÄRMEBEDÜRFTIGER ARTEN

Die unter »Pflanzung« genannten Salat-, Kohl- und Zwiebelgewächse lassen sich im etwas geschützten Beet auch selbst vorziehen. Dasselbe ist mit Sellerie, schossfestem Knollenfenchel und Neuseeländer Spinat möglich. Ab Monatsende beginnt dann der Saattermin für Rosen- und Grünkohl.
Je nach Entwicklungsstand wird die eine oder andere Vorkultur pikiert, das heißt aus dem gemeinschaftlichen Saatbett vereinzelt.

Gurken benötigen eine sehr warme Vorkultur. Weil sie aber schnell wachsen, genügt dies im April.

In beheizten Räumen kann man noch Tomaten, Paprika, Auberginen und Sellerie aussäen.
Bei den **Gurkengewächsen,** zu denen auch Zucchini, Kürbisse und Melonen gehören, sollte dies nicht vor Mitte des Monats geschehen.
Bereits im März vorgezogene Paprika und Tomaten können bereits in ein frostfrei gehaltenes Gewächshaus gepflanzt werden.

FREILANDSAATEN

Direktsaaten von **Roten Beten, Mangold,** schossfesten **Spinat**-Sorten, **Mark- und Zuckererbsen** sowie **Petersilie** finden nun einen optimal erwärmten und doch noch feuchten Boden vor. Von ersten Frühkulturen, wie Möhren, Steckzwiebeln, Rettich und Radieschen, können bereits Folgesätze nachgesät werden. Nach wie vor ist eine Abdeckung mit Vlies oder Folie sinnvoll.
Bei warmer Witterung können Sie gegen Monatsende erste **Stangenbohnen** rund um die Rankgerüste legen. Bei warmer Witterung empfiehlt es sich, die Saatbeete bereits regelmäßig zu gießen. Mulch darf erst nach dem Aufgehen der Saaten wieder ausgelegt werden. Bei starkem Schneckendruck sollten Sie jedoch noch länger damit warten.

SCHUTZ GEGEN GEMÜSEFLIEGEN

Zahlreiche Gemüsearten, unter anderem Kohl, Möhren, Rettich, Bohnen, Zwiebeln und Lauch, werden von parasitischen Fliegen befallen.
Beim Kohl können Sie wie beim Rettich durch einen frühen Pflanztermin dem Befall zuvorkommen. Eine tiefe Pflanzung, ersatzweise das Anhäufeln zum Stiel hin beugt ebenso vor wie das Bestreuen mit Kalk oder Gesteinsmehl.
Bohnen erhalten durch eine beheizte Vorkultur im Topf den notwendigen Vorsprung.

Einen zuverlässigen Schutz bieten die sogenannten Pflanzenschutznetze. Sie halten zudem das Beet etwas wärmer, allerdings nicht ganz so effektiv wie die dafür vorgesehenen Folien.
Mit einer anderen Art von Netz lassen sich die Saatbeete gegen unerwünschten Vogelbesuch schützen.

AUSSAAT- UND PFLANZZEIT FÜR GEWÜRZKRÄUTER

Viele ein-, aber auch mehrjährige Kräuter dürfen Sie nun in der Frühlingssonne aussäen, zum Beispiel Petersilie, Dill, Kresse, Kerbel und Borretsch. Das Bohnenkraut sollte noch warm vorgezogen werden.
Basilikum und Majoran benötigen ebenfalls viel Wärme. Beide Kulturen sind allerdings so anspruchsvoll, dass man ihre Aussaat und Anzucht besser dem Gärtner überlässt und die Pflanzen kauft.
Die zweijährigen Samenkräuter Kümmel und Koriander werden direkt ins Beet gesät, wogegen Anis, das dritte im Bunde, eine beheizte Kinderstube bevorzugt. Alle drei genannten Samenkräuter sind als Doldenblütler miteinander verwandt.
Schnittlauch, Gewürzfenchel, Liebstöckel und Zitronenmelisse lassen sich direkt aussäen. Solch ausdauernde Kräuter kann man jetzt auch an einen geeigneten Standort auspflanzen, ebenso wie Salbei, Oregano, Estragon, Pfefferminze oder Meerrettich.

Die zeitig ausgesäten Erbsen brauchen schon bald ein Rankgerüst. Reisig ist natürlich und kostengünstig.

Was sonst noch zu tun ist

- Die meisten Erbsen brauchen ein Rankgerüst. Bei den zeitig ausgesäten Sorten sollten Sie jetzt schon eines anbieten, beispielsweise aus Reisig oder Maschendraht.
- Wenn man Lauch in eine Rille pflanzt, wird der Schaft im Laufe der Zeit durch die hereinrieselnde Erde nahezu automatisch angehäufelt. Dadurch bleibt der Schaft in dieser Höhe weiß.
- Von Pilzkrankheiten befallene Triebe ausschneiden.
- Risse und Schnittwunden an den Obstbäumen sollten fachgerecht nachbehandelt werden.
- Bäume, die nach aller Erfahrung stark von Schorf befallen werden, können Sie vorbeugend mit Netzschwefel übersprühen.
- Zur Zeit der Obstblüte dürfen generell nur Präparate verwendet werden, die nicht für Bienen giftig sind!

FRÜHJAHRSKUR FÜR ERDBEEREN

Es empfiehlt sich, die weiterkultivierten Erdbeerpflanzen beim Austrieb von abgestorbenem oder krankem Laub zu befreien.
Wenn Sie jetzt Kompost oder organischen Dünger verteilen, sollte dieser nicht zu viel Stickstoff enthalten. Denn eine Überdüngung erhöht die Gefahr eines Grauschimmel-Befalls. Zudem können Sie die Pflanzen vorbeugend mit Stroh mulchen und mit Schachtelhalm-Präparat übergießen.

WINTERABSCHLUSS IM OBSTGARTEN

Wärmebedürftige Gehölze wie Pfirsich, Aprikose und Wein können noch rasch gepflanzt werden. Allerdings ist darauf zu achten, dass der Wurzelbereich bei längerer Trockenheit gut gewässert wird.
Bei drohenden Nachtfrösten sollten Sie versuchen, blühende Obstgehölze mit Stoff oder einem ähnlichen Schutz zu überdecken.
Kirschen und Pfirsich lassen sich kurz vor der Blüte noch gut schneiden. Im Übrigen sollten jetzt nur noch dringlichste Schnittmaßnahmen durchgeführt werden.

AUF NEUE SORTEN UMVEREDELN

Das Frühjahr ist ein günstiger Termin zum Veredeln. Der Hobbygärtner kann um diese Zeit beispielsweise mit der Technik der Rindenpfropfung rasch noch eine Umveredelung vornehmen.

1 Dabei kürzt man einen älteren Ast ein und steckt an drei Stellen junge Reiser der gewünschten Edelsorte unter die aufgeschnittene Rinde.

2 Anschließend wird das Ganze mit Bast verbunden und mit Baumwachs oder -harz verstrichen, ebenso die offene Schnittstelle. Mit etwas Glück wachsen die Reiser an und treiben bald aus.

WURZELSCHEIBEN BEDECKEN

Alle Beerensträucher, insbesondere Himbeeren und Brombeeren, reagieren dankbar auf eine Mulchschicht auf ihrem Wurzelbereich.
Bei den Obstbäumen bietet sich die offene Wurzelscheibe an, um blühende Gründünger wie Bienenfreund *(Phacelia)*, Kapuzinerkresse, Ringelblumen, Lupinen, Sommerwicke oder Gelbsenf einzusäen. Ein solcher Bewuchs fördert nicht nur die Bodengesundheit, sondern sieht gleichzeitig recht hübsch aus.

BEFRUCHTEN UND BEWURZELN

Süßkirschen müssen fremdbefruchtet werden, damit sie ausreichend Früchte entwickeln. Wenn in der Nachbarschaft kein geeigneter Baum steht, können Sie rasch Abhilfe leisten, indem Sie zur Blütezeit den Ast einer Befruchtersorte in den Baum hängen.
Stecklinge und Steckhölzer der Obstgehölze sollte man in ein sandiges Substrat stecken und warm, aber vor direkter Sonne geschützt aufstellen. Dann bewurzeln sie problemlos bald.
Wenn man Stachelbeeren anhäufelt, bilden sie dort Wurzeln und lassen sich später als bewurzelte Jungpflanzen abnehmen. Bei den Johannisbeeren biegt man zu diesem Zweck sogenannte Absenker zum Boden.

Mai

Er wird nicht umsonst als Wonnemonat bezeichnet: Kaum endet die Frostgefahr, und schon erlebt der Garten seinen ersten großen Höhepunkt.

Bei den meisten Gärtnern bleiben die sogenannten Eisheiligen als wichtigste Weisheit aus den zahllosen Bauernregeln im Bewusstsein.

Pankratius (12. Mai), Servazius (13.) und
Bonifatius (14.)
machen dem Gärtner noch manchen Verdruss.
Und zum Schluss fehlt nie
die kalte Sophie (15. Mai).

So und ähnlich, in vielen anderen Reimen, sprachen die Alten. Dahinter steckt die Erfahrung, dass trotz der bis dahin scheinbar sicheren frühlingshaften Witterung etwa in der Mitte des Monats häufig noch mal ein Rückschlag erfolgen kann und dass dabei auch noch mal die eine oder andere Frostnacht zu überstehen ist. Diese Gefahr konnte auch im Rahmen des Klimawandels nicht ausgeräumt werden.

ABHÄNGIG VOM LOKALEN KLIMA

Allerdings weiß man heute auch, dass sie nicht auf die genannten Eisheiligen einzugrenzen ist. Oft droht schon Anfang des Monats ein letzter Nachtfrost, in anderen Jahren ist die Bedrohung erst etwa ab dem 20. Mai gebannt. Das hängt natürlich auch vom jeweiligen Klima ab; die alte Bauernregeln gelten für durchschnittliche Lagen. In einer Weinbauregion dürfen die frostempfindlichen Kulturen schon wesentlich früher ins Freie, während man in besonders rauen Lagen noch den ganzen Monat auf der Hut sein sollte.

(FAST) ALLE FREUEN SICH

Flieder, Steingarten, Prachtblumenbeet mit Gartentulpen, Pfingstrosen, Schwertlilien und Türkischem Mohn – alles strebt nun einem Höhepunkt zu, an dem das Gärtnerauge seine Freude hat.

Die Insekten schwirren wieder in großer Zahl durch die Luft und werden aktiv, nicht nur zur Freude des Gärtners. Der früher sprichwörtliche Maikäfer allerdings gibt sich mittlerweile nur noch selten die Ehre. Zumindest profitieren die Vögel von dieser so arten- und individuenreichen Klasse der Gliedertiere; sie versorgen mit dem Tagesfang fleißig ihren Nachwuchs und geben ihrem Glück durch lautstarken Gesang Ausdruck.

Allgemein

GARTENPLAGE BLATTLAUS

Der Wonnemonat Mai ist auch ein Wonnemonat für die hartnäckigen Blattläuse. Beim frischen Frühjahrsaustrieb stoßen ihre Stechrüssel auf wenig Widerstand und besonders reichhaltige Pflanzensäfte. Kommt dann noch warme und trockene Witterung hinzu, vermehren sich die Läuse oft rasend schnell.

Nicht genug, dass die grünen oder schwarzen Insekten den Pflanzen die Lebenssäfte rauben. Beim Anstechen können die Sauger auch pflanzenschädigende Stoffe und Viren übertragen. Wo große Kolonien zugange sind, kommt es zu Verfärbungen, Blätter und Triebe verkümmern und die Knospen fallen mit der Zeit ab.

Was sie an Pflanzenstoffen nicht verwerten können, scheiden die Läuse mit dem sogenannten Honigtau wieder aus. Auf diesem zuckerhaltigen Saft siedeln sich hässliche Rußtaupilze (schwarzer Belag) an, die den Stoffwechsel der Blätter beeinträchtigen.

Dank des Honigtaus haben die Blattläuse hilfreiche Verbündete gewonnen: Ameisen hegen und pflegen die Läuse und verteidigen sie sogar gegen potenzielle Fressfeinde, auf dass ihre süße Nahrungsquelle nie versiegen möge.

WEITSICHTIGE ABWEHR

Blattläuse sind Überlebenskünstler, die nie vollständig aus dem Garten zu bannen sind. Es lässt sich aber einiges tun, um Invasionen zu vermeiden und Schäden auf tolerablem Maß zu halten.

- Gesundes Wachstum macht es den Schwächeparasiten schwer: Pflanzen Sie standortgerecht und halten Sie Fruchtfolgen und Mischkulturen ein.
- Düngen Sie zurückhaltend! Mit Stickstoff überversorgte Pflanzen »erschlaffen« und sind ein gefundenes Fressen für die Läuse.
- Im artenreichen und naturnahen Garten stellen sich rasch große Populationen von natürlichen Gegenspielern ein. Notfalls können Nützlinge auch im Fachhandel bezogen werden.
- Kontrollieren Sie den Bestand regelmäßig! Kleinere Befallsherde lassen sich absammeln, ausschneiden oder mit Wasser abspülen.
- Zur Abwehr haben sich selbst gemachte Spritzbrühen aus Rainfarn, Rhabarber, Wermut und Tabak oder eine Schmierseifen-Lösung bewährt.
- Große Invasionen lassen sich mit Naturprodukten (Rapsöl, Pyrethrum, Neem) aus dem Fachhandel in Schach halten.

Bei einem derart massenhaften Befall muss man davon ausgehen, dass die Pflanze nachhaltig geschädigt wird.

Die Larven des Marienkäfers sind kleine Raubtiere, die uns mit Appetit bei der Bekämpfung der Blattläuse helfen.

Regelmäßige Rasenpflege

MÄHTECHNIKEN

Rasen muss gemäht werden. Dazu bietet der Fachhandel zahllose Gerätschaften: Für die wenigen Quadratmeter eines Reihenhausgartens genügt ein Handrasenmäher. Elektromäher sind am weitesten verbreitet, weil sie keine Abgase und kaum Geräusche von sich geben. Bei Flächen ab 500 m² wird ein Motormäher lohnend, alleine schon, weil man sich damit das Kabelziehen erspart, aber auch aufgrund der größeren Leistungsfähigkeit. Wer die Technik vollends ausreizen will, kann zwischen einem Allesmäher, einem Aufsitzmäher und einem solarbetriebenen Mähroboter wählen.

SINNVOLLE BELÜFTUNG

Mittlerweile kennt man das Vertikutieren, doch die Bedeutung der Rasenbelüftung wird immer noch unterschätzt: Es fördert nämlich den Wasserabfluss und führt Wurzeln wie Boden Sauerstoff zu. Gleichzeitig ist es eine wirkungsvolle Vorbeugung gegen das Vermoosen. Mit einem speziellen Vertikutierrechen kann man auch das Wurzelwachstum anregen. Es ist aber auch schon hilfreich, wenn man mit der Grabgabel kleine Höhlen in den Boden stößt. Der Profi stabilisiert diese Belüftungslöcher, indem er Sand hineinrecht.

Beim Vertikutieren wird der Wurzelfilz herausgerissen und der Boden belüftet. Das tut dem Rasenwachstum gut.

DICHTER RASEN DURCH INTENSIVE PFLEGE

Grundsätzlich muss man für eine dichte, niedrige Rasennarbe häufig mähen. Für einen durchschnittlichen Gebrauchsrasen genügt etwa alle 1–2 Wochen ein Mähgang. Für einen englischen Rasen hingegen muss man zweimal pro Woche zum Mäher greifen!
Parallel zum Schnitt sollten Sie auch intensiver düngen und wässern: Es empfiehlt sich, nach einer Grunddüngung im Frühjahr noch etwa zwei Kopfdüngungen während der Saison zu verabreichen; aber nicht mehr nach Anfang August. Angesichts dieser massiven Wachstumsförderung ist es unbedingt zu vermeiden, dass die Rasenwurzeln völlig austrocknen. Daher muss solch ein Rasen während einer Trockenperiode wiederholt beregnet werden. Notfalls lässt man ihn auch höher wachsen, weil er dann die Trockenheit besser verträgt.

Eine nachhaltige Belüftungsmethode: Mit der Grabgabel Löcher stechen und diese mit Sand auffüllen.

MÖGLICHE SCHADURSACHEN

- Verbräunungen entstehen am häufigsten durch Überdüngung oder Wassermangel.
- Das Schnittgut sollten Sie entfernen und fein verteilt auf den Kompost bringen. Würde es im Rasen liegen bleiben, so wäre bei anhaltender Feuchtigkeit die Gefahr groß, dass sich in der Grasfläche Schimmel- und Fäulnispilze ansiedeln.
- Wollen Sie keine Wildkräuter zwischen den Grashalmen dulden, dann sollten Sie regelmäßig düngen, bei Bedarf auch wässern und vor allen Dingen regelmäßig mähen.
- Wenn Moos den Rasen verdrängt, so hängt das meist mit einer beschatteten Lage zusammen. Verbessern können Sie lediglich die Ernährung (düngen) und die Bodenstruktur (Kompostgabe) sowie Belüftung und Wasserabfluss (vertikutieren, Sand). Eisen-II-Sulfat bekämpft das Moos direkt und durch Düngewirkung. Die eigentliche Ursache aber lässt sich selten beeinflussen.
- Manchmal knabbern auch Insektenlarven an den feinen Rasenwurzeln und verursachen verbräunte Nester. Die Larven der Wiesenschnaken *(Tipula)* lassen sich relativ einfach mithilfe von Weizenkleie-Ködern abfangen.

SCHÄDEN AUSBESSERN

Immer wieder einmal entstehen Schad- und Kahlstellen im grünen Teppich, nicht nur durch die zuvor genannten Ursachen. In solchen Fällen empfiehlt sich eine Nach- oder gar Neuansaat.
Zur Neuansaat muss konsequenterweise der komplette alte Bewuchs entfernt und der Boden verbessert werden. Wer sich diese Mühe ersparen will, kann auch in die alte Narbe einsäen. Dazu sollte der Rasen kurz gemäht und mit dem Vertikutierer aufgeraut werden, sodass die Einsaat auch bis zum Grund vordringt. Zusätzlich empfiehlt es sich, eine Mischung aus Sand und Kompost auf der vorgesehenen Fläche zu verteilen und einzuarbeiten.
Schließlich gibt es spezielle Rasenmischungen (Novaplant), die sich aufgrund ihrer Robustheit in solchen Situationen durchsetzen können. Weitere Details hierzu finden Sie auf Seite 56.
Schäden auf kleinen Flächen lassen sich auch ganz rasch mithilfe von Rasensoden beheben. Und zwar, indem Sie diese einfach an einer andereren, schlecht einsehbaren Stelle abstechen. Diese kann dann in Ruhe wieder zuwachsen, während die geflickte Stelle sofort wieder benutzbar ist.

Durch den Wurzelfraß der Wiesenschnaken-Larven verbräunen Teilflächen. Man kann sie mit Ködern abfangen.

Vertrocknete oder anderweitig schadhafte Stellen lassen sich durch Neuansaat oder frische Rasensoden ausbessern.

Ziergarten

SOMMERBLÜHER AUSPFLANZEN ODER AUCH NOCH SÄEN

Sommerblumen, die hinter schützenden Scheiben vorgezogen wurden, dürfen nach den Eisheiligen (Mitte Mai) ausgepflanzt werden und Lücken im Staudenbeet füllen. Bei einigen besonders empfindlichen Primadonnen wie Zinnie, Fleißige Lieschen, Gazanie, Lobelie, Kokardenblume, Rizinus und Schwarzäugiger Susanne wartet man in rauen Lagen mit dem Auspflanzen am besten noch bis Juni.
Die meisten Sommerblumen sind Sonnenanbeter und wünschen einen nahrhaften und lockeren Boden. Die Schnellstarter unter den Sommerblühern können jetzt noch nachgesät werden. Zu ihnen zählen Ringel- und Kornblumen, Kalifornischer Mohn, Jungfer im Grünen, Tagetes, Schleierkraut oder Trockenblumen. Auch für raschwüchsige Kletterkünstler wie Feuerbohnen, Duftwicke, Kapuzinerkresse und Zierkürbis ist die direkte Aussaat an Ort und Stelle noch möglich. Am geeigneten Gerüst ranken sie innerhalb kurzer Zeit in luftige Höhen und verleihen dem Garten eine romantische Note.

SAISONSTART FÜR DAHLIEN, *CANNA*, KNOLLENBEGONIEN UND GLADIOLEN

Auch für die frostempfindlichen Knollen von Dahlien, *Canna* und Begonien sowie Zwiebeln von Gladiolen und Montbretien ist es nun Zeit für den Umzug vom Winterlager ins Freie beziehungsweise für die Pflanzung neu gekaufter Sorten.
Da der junge Austrieb von Dahlien zu den Lieblingsspeisen der Schnecken zählt, schickt man sie am besten mit etwas Vorsprung, also schon vorgetrieben, ins Beet (siehe S. 38). Aber auch an herangewachsenen Pflanzen kriechen die Vielfraße nicht spurlos vorbei. Es sei denn, man hindert sie frühzeitig mit Bierfallen, Zäunen und anderen Maßnahmen (siehe hierzu auch S. 50).

ZWIEBELPFLEGE

Die letzten Narzissen, Kaiserblumen und Tulpen gehen allmählich in die wohlverdiente Ruhepause und beenden die Hauptblütezeit der Zwiebelgewächse. Mit den Maiglöckchen oder dem Zierlauch kommen aber schon die nächsten Vertreter dieser Pflanzengruppe aus den Startlöchern und schlagen die Blütenbrücke zu den farbenprächtigen Sommerblühern.
Damit Zwiebelpflanzen keine Energie in die Samenbildung verschwenden, sind welke Blütenköpfe laufend auszuschneiden – samt Stängel. Das Laub hingegen soll unbedingt stehen bleiben, auch wenn den letzten Blütenstand längst das Zeitliche gesegnet hat. Aus den Blättern ziehen sich die Zwiebeln wichtige Reservestoffe, die sie bis zur nächsten Blühsaison benötigen. Warten Sie mit dem Rückschnitt möglichst so lange, bis die Blätter vollständig vergilbt sind.

Farbeprächtige Sommerblumen füllen Lücken im Beet und wollen einen sonnigen Platz.

RHODODENDRON NACH FARBE WÄHLEN

Mit der Pflanzung von Rhododendren und Freiland-Azaleen gedulden sich viele Gartenfreunde bis zu den ersten Maitagen. Denn dann bekennen die prächtigen Ziergehölze bereits Blütenfarbe, und man kann durch die Gärtnerei spazieren und sich die Exemplare aussuchen, die am besten in den Garten passen. Das Verpflanzen in vollem Flor schadet den Sträuchern nicht. Sie besitzen einen schönen Ballen, der die Wurzeln kompakt beisammenhält.

Volle und langjährige Blühfreude zeigen die Moorbeetgewächse nur in saurer und humoser Erde. Oft reicht es, die Erde um die Pflanzstelle tiefgründig mit reichlich Torf oder – ökologisch vertretbarer – Rindenhumus und anderen Torfersatzstoffen zu mischen und spezielle Dünger zu verwenden. In sehr kalkreichen Böden ist ein kompletter Austausch der Erde mit saurem Substrat zu empfehlen. Eine andere Möglichkeit ist es, auf sogenannte Inkarho®-Pflanzen zurückzugreifen. Das sind Rhododendren, die auf speziellen kalkverträglichen Unterlagen veredelt wurden und auch in »normalen« Böden problemlos gut gedeihen.

Rhododendren lieben einen licht- oder halbschattigen und windgeschützten Standort, den sie zum Beispiel im Bereich tiefwurzelnder Bäume finden. Wenn der Boden stets leicht feucht ist (auch im Winter!), vertragen sie sogar sonnigere Plätze. Gegossen wird möglichst nur mit kalkfreiem Wasser, am besten mit Regenwasser. Wer den Wurzelbereich mit geeignetem Streu mulcht, spart sich nicht nur den einen oder anderen Gießgang, sondern hält auch Unkräuter fern und den Boden sauer. Beachten Sie aber, dass die feinen Wurzeln des Rhododendrons rasch an Sauerstoffmangel leiden, wenn der Boden anhaltend vernässt.

Am richtigen Standort gepflanzt, bieten Rhododendronblüten einen stattlichen Anblick.

Was sonst noch zu tun ist

- Spätblühende Stauden können jetzt immer noch gepflanzt werden.
- Der Gartenteich erwärmt sich allmählich – ein günstiger Zeitpunkt für die Pflanzung beziehungsweise Ausquartierung überwinterter Seerosen.
- Entfernen Sie Wildtriebe an veredelten Rosen; Pflanzenjauchen halten die Rosen gesund.
- Hacken Sie hin und wieder zwischen den Beetstauden und entfernen Sie dabei lästige und unerwünschte Wildkräuter.
- Frühblühende Sträucher werden bei Bedarf nach der Blüte ausgelichtet.
- Sehr hochwüchsige Beetstauden brauchen rechtzeitig eine dezente Stütze.
- Der Allzweckrasen muss regelmäßig gemäht werden; eventuell verträgt er eine zweite Düngung.

Balkon & Terrasse

TERMINGERECHTE BEPFLANZUNG FÜR KÄSTEN UND KÜBEL

Wenn Sie sich sicher sind, dass keine Fröste mehr drohen, dann dürfen die überwinterten Balkon- und Kübelpflanzen aus ihrem Winterquartier geholt und neue Pflanzungen angelegt werden.
Allerdings lehrt uns die Erfahrung, dass es noch Anfang Juni heftige Kälterückschläge gibt, auf die manche Pflanzen ausgesprochen empfindlich reagieren. Bei Arten wie Vanilleblume, Buntnessel, *Impatiens* und Knollenbegonien oder Kletterpflanzen wie der Prunkwinde und Glockenrebe sollten Sie daher eine spätere Pflanzung bis Mitte Juni in Betracht ziehen.
Auch die Kübelpflanzen können nun weitgehend vollzählig in Position gebracht werden. Eine Sackkarre leistet dabei wertvolle Dienste, weil sich damit der Rücken merklich schonen lässt. Nur einige wenige Arten, wie Hibiskus und *Bougainvillea*, sollte man aus Rücksicht auf die letzten kalten Nächte erst im Juni ungeschützt im Freien aufstellen.

VORBEREITUNG DER PFLANZGEFÄSSE

Achten Sie darauf, dass die Pflanzgefäße über Abzugslöcher verfügen. Damit dort nicht das Substrat herausrieselt, deckt man sie mit Tonscherben ab.
Viele Marken-Substrate sind bereits mit einem Langzeitdünger versehen; andernfalls empfiehlt es sich, selbst einen solchen langsam fließenden Nährstoffvorrat (z. B. Osmocote) beizumischen.

TIPP Für die aktuelle Bepflanzung kommt es zwar etwas spät. Aber vom Klima und Entwicklungszustand der Pflanzen her ist jetzt ein günstiger Zeitpunkt, die mehrjährigen Balkon- und Kübelpflanzen durch Stecklinge zu vermehren.

SO WIRD GEPFLANZT

Da direkte Sonnenbestrahlung Blätter wie Wurzeln stresst, hat es sich bewährt, die Bepflanzung an einem bewölkten Tag vorzunehmen. Auch in den nächsten Tagen sollten die Pflanzen behutsam an die raueren Freiluftbedingungen gewöhnt werden.
Wählen Sie die Abstände zwischen den Pflanzen so, dass sich der Bestand rasch schließt, aber doch jede genügend Raum hat, um ihre charakteristische Schönheit auszuprägen.
Schließlich wird gut angegossen. Sollten die Wurzelballen sehr trocken sein, empfiehlt es sich sogar, sie vor der Pflanzung in einem Behälter ausgiebig zu wässern.

Bei der Bepflanzung eines gemischten Kastens sind die Wuchsgrößen und -formen der Pflanzen zu berücksichtigen.

Mit Pflanzen gestalten

SONNEN- ODER SCHATTENSTANDORT?

Die meisten blütenreichen Arten sind an ihrem Ursprungsstandort von der Sonne verwöhnt und wollen daher auch auf dem Balkon ein möglichst sonniges Plätzchen. Terrassen und Balkone, die nach Osten oder Westen weisen, lassen sich mit denselben Pflanzen begrünen, wo sie womöglich nicht ganz so üppig blühen. Voraussetzung ist auf jeden Fall eine optimale Versorgung mit Wasser und Dünger.

In stark beschatteten Lagen wie an der Nordseite des Hauses sollten Sie Pflanzen mit geringem Lichtbedarf verwenden, beispielsweise Fuchsien, Fleißiges Lieschen oder Efeu. Selbst wenn die Auswahl insgesamt deutlich kleiner ist, so lässt sich doch auch hier eine hübsche Kombination zusammenzustellen.

Über die folgende Liste hinaus stehen noch deutlich mehr Pflanzen zur Auswahl; zum Beispiel zahlreiche Sommerblumen, wie wir sie vom Blumenbeet kennen. Und wenn Sie dazwischen auch noch Kübel- oder Kletterpflanzen platzieren, dann entsteht eine stilvoll begrünte Terrasse, auf der sich gut vom warmen Süden träumen lässt.

Bei diesem gelungenen Beispiel harmonieren aufrechte und überhängende Arten und natürlich die Blütenfarben.

TIPPS FÜR EINE GELUNGENE BEPFLANZUNG

Doch selbst, wenn es nur um einen einzelnen Kasten geht, empfehlen sich einige Vorüberlegungen, um eine ebenso attraktive wie dauerhaft wachsende Bepflanzung zu arrangieren.

Der Grund ist, dass viele verschiedene Aspekte unter einen Hut gebracht werden müssen. Dies beginnt mit jahreszeitlichen Variationen, zum Beispiel einer wechselnden Saisonbepflanzung für Frühjahr, Sommer und Herbst/Winter. Unterschiedlich besonnte Standorte wurden bereits genannt.

Zum jeweiligen Rahmen passend müssen die in Frage kommenden Pflanzen mit ihren unterschiedlichen Erscheinungsformen zu einem harmonischen Ganzen kombiniert werden. Zum Beispiel aufrechte und hängende Wuchsformen und natürlich nicht zuletzt die Farben der Blüten und Blätter.

Wir gehen dazu am besten jeweils von einer Leitpflanzen-Art aus, die uns gefällt und durch Größe und Blütenreichtum die Kombination dominieren kann. Zu dieser gesellen wir dann schrittweise passende Wuchsformen und Farben hinzu – nicht willkürlich bunt, sondern wohlüberlegt! Sehr beliebt sind zum Beispiel symmetrische Pflanzungen, bei der sich die Anordnung der beiden Kastenhälften spiegelt. Hinsichtlich der Farben sind zarte Pastellfarben oder zumindest fein abgestimmte Zweiklänge gegenüber einer allzu knalligen, aufdringlichen Farbmischung zu bevorzugen.

Vergessen Sie aber die häufig unterschätzten Strukturpflanzen nicht. Sie ergänzen die Blütenfülle durch den Formenreichtum ihrer Blätter und bringen meist die nötige Ruhe ins Spiel, damit die Blüten eine eindrucksvolle Wirkung erzielen können.

Die schönsten Arten für den Balkon

Deutscher Name	Botanischer Name	Licht	Wuchsform
Leitpflanzen			
Eisenkraut	*Verbena*-Hybriden	S-Hs	aufrecht oder hängend
Fuchsien	*Fuchsia*-Hybriden	Hs-Sch	aufrecht
Goldzahn	*Bidens* spec.	S	hängend
Hänge-Geranie	*Pelargonium peltatum*	S	hängend
Kapkörbchen	*Dimorphotheca* und *Osteospermum*	S	aufrecht
Knollenbegonie	*Begonia × tuberhybrida*	S-Sch	aufrecht
Petunie	*Petunia*-Hybriden	S	hängend
Strauchmargerite	*Argyranthemum frutescens*	S-Hs	aufrecht
Studentenblume	*Tagetes*-Hybriden	S-Hs	aufrecht
Vanilleblume	*Heliotropium arborescens*	S	aufrecht
Wandelröschen	*Lantana-Camara*-Hybriden	S	aufrecht
Zauberglöckchen, Million Bells	*Calibrachoa*-Hybriden	S-Hs	hängend
Zonal-Geranie	*Pelargonium zonale*	S	aufrecht
Zwerg-Strohblume	*Helichrysum*-Hybriden	S	aufrecht
Begleitpflanzen			
Elfensporn	*Diascia*-Hybriden	S-Sch	überhängend
Elfenspiegel	*Nemesia*-Hybriden	S-Hs	aufrecht + überhängend
Fächerblume	*Scaevola aemula*	S	hängend
Fleißiges Lieschen	*Impatiens*	Hs-Sch	flach aufrecht
Goldtaler	*Asteriscus maritimus*	S	flach aufrecht
Husarenknöpfchen	*Sanvitalia procumbens*	S-Hs	überhängend
Kapuzinerkresse	*Tropaeolum majus*	S-HS	überhängend
Männertreu	*Lobelia erinus*	S-Hs	überhängend
Mittagsgold	*Gazania*-Hybriden	S	flach aufrecht
Schneeflocke	*Sutera*-Hybriden	S-Sch	überhängend
Strukturpflanzen			
Buntnessel	*Solenostemon*-Hybriden	S-Hs	aufrecht
Efeu	*Hedera helix*	Hs-Sch	hängend
Silber-Strohblume	*Helichrysum petiolare*	S	überhängend
Silberblatt	*Senecio bicolor*	S	aufrecht
Süßkartoffel	*Ipomoea-Batata*-Hybriden	S-Hs	hängend
Weihrauch	*Plectranthus coleoides*	S-Hs	hängend

Die als Leitpflanzen gekennzeichneten Pflanzen können sich im Einzelfall auch als Begleiter unterordnen.

Nutzgarten

PFLANZUNG IN DIE BEETE

Nach dem Ende der Frostgefahr dürfen viele vorgezogene Gemüse endlich ins Freie. Doch nach wie vor können kalte Nächte das Wachstum der Jungpflanzen beeinträchtigen. Ein geschützter Platz oder eine Abdeckung ist daher immer vorteilhaft.
Ausgepflanzt werden unter anderem **Lauch, Neuseeländer Spinat** und auch schon **Rosenkohl. Sellerie** neigt bei früher, kühler Pflanzung zum Schossen.
Auch **mehrjährige südländische Kräuter** können jetzt problemlos gepflanzt werden, wie Oregano, Salbei, Thymian oder der empfindliche Majoran. Basilikum gedeiht sicherer auf der Fensterbank.
Wählen Sie aus den Anzuchten die kräftigsten und kompaktesten Jungpflanzen aus. Durch vorheriges Wässern sowohl der Wurzelballen als auch des Pflanzbeetes wird das Anwachsen gefördert.
In der Regel sollen die Pflänzchen nicht tiefer in die Erde versenkt werden als zuvor. Lediglich bei Tomaten und Kopfkohl wird durch tieferes Pflanzen eine stärkere Wurzelbildung initiiert.

Erst wenn die letzten Frostnächte verklungen sind, dürfen die Buschbohnen gelegt werden.

TOMATEN UND GURKENGEWÄCHSE AUSPFLANZEN

Tomaten, Gurken, Zucchini, Kürbis, Paprika und **Zuckermais** sind Starkzehrer. Die Beete für sie sollten zuvor mit Kompost und anderen Düngern versorgt werden. Die stickstoffsammelnden Bohnen weichen in dieser Hinsicht von den anderen Fruchtgemüsen ab.
Aufgrund ihres Wärmebedarfs nehmen Buschtomaten, Paprika, Auberginen und flach wachsende Gurken auch gern den Schutz eines Frühbeets in Anspruch. Mithilfe von Stützen müssen allerdings später die Fenster aufgebockt werden. Als Ersatz für ein Frühbeet kann man diese Arten auch einfach auf schwarze Mulchfolie setzen.

MAISAATEN

Der Mai ist ein beliebter Termin für unzählige Aussaaten, ob **Folgesaaten** robuster Arten (z. B. Salate, Möhren) oder Erstsaaten der **Sommer- und Herbstsorten** von Lauch oder Kopfkohl.
Mangold und **Mairüben** finden nun optimale Bedingungen, ebenso **Chicorée** für die Wintertreiberei sowie **Stangenbohnen.** Bei den **Buschbohnen** wartet man die letzten Frostnächte ab, um dann auch noch spätere Sätze nachfolgen zu lassen. Für die frühe **Fenchel**-Saat greift man auf schossfeste Sorten zurück. **Grün-** und **Rosenkohl** sollten rasch noch gesät werden. Auch für Dill, Kresse und Kerbel ist der Mai ein günstiger Zeitpunkt.
Zur regelmäßigen Versorgung einer größeren Familie hat sich die Aussaat in Sätzen bewährt: Wenn Sie schnellwüchsige Radieschen, Kopfsalat, Kohlrabi oder gar Buschbohnen und Blumenkohl in kurzen Abständen von 2–3 Wochen aussäen, haben Sie ständig Nachschub für die Küche.

GEWÄCHSHAUS-KULTUREN

Weil jetzt zahlreiche Aussaaten ins Freie kommen, wird im Gewächshaus Platz frei, sodass sich hier die wärmebedürftigen Kulturen breitmachen können, wie Paprika, Auberginen, Andenbeeren (alle im Abstand 40 x 40 cm) und Tomaten (50 x 50 cm).
Für den Anbau von **Schlangengurken** gibt es in unserem Klima keine Alternative zum Gewächshaus. Hier werden sie an Schnüren oder Gittern aufgeleitet und wachsen sie geschützt heran. In den ersten Tagen nach der Pflanzung sollten Sie bei sonniger Witterung schattieren, lüften und nach Bedarf gießen.

VOR DER ERDBEER-ERNTE

Erdbeeren reagieren unterschiedlich auf Frost: Früh sowie über dem Laub blühende Sorten sind stärker gefährdet! Vorbeugend empfiehlt es sich, Unkräuter zwischen den Reihen auszujäten oder notfalls vor Frostnächten mit einem Vlies abzudecken.
Um eine reiche Ernte zu erzielen, dürfen Sie die Erdbeeren nicht austrocknen lassen. Daher ist spätestens gleich nach Ende der Frostgefahr zu mulchen und bei Bedarf zu gießen. Gedüngt wird zu diesem Zeitpunkt nicht mehr.

SCHUTZ FÜR BLÜTE UND WURZELSCHEIBE

Auch die Blüte von Apfel- und anderen Obstbäumen ist durch vereinzelte Nachtfröste bedroht – und damit die Ernte. Kleine Baumformen können bei Bedarf mit Stoffen überdeckt werden. Biologisch orientierte Gärtner schwören auf das Übersprühen mit Baldrian-Blütenextrakt.
Ein organischer Stickstoffdünger, über die Wurzelscheibe verabreicht, versorgt einen reichen Fruchtansatz. Anschließend sollte die Wurzelscheibe bedeckt werden. In Frage kommt eine Mulchschicht aus Holzhäcksel, Grasschnitt oder Rindenmulch oder aber eine Gründünger-Einsaat, z. B. mit Kapuzinerkresse, *Phacelia* oder aber Sommerwicken.

Was sonst noch zu tun ist

- Die Beete zum Schutz gegen Vögel rechtzeitig mit Netzen überspannen.
- Zu dichte Saaten (Möhren, Rote Bete ...) vereinzeln
- Erbsen anhäufeln.
- Wildlings-Austriebe von Obstbaum-Unterlagen sofort ausreißen.
- Reihenpflanzung von Himbeeren und Brombeeren ausdünnen und mit einer schützenden Decke aus Rindenmulch versehen.
- Pfirsich schneiden – den Baum auslichten und Fruchtholz einkürzen.
- Jungtriebe bei Spalierbäumen entspitzen.
- Bei drohendem Befall durch Kirschfruchtfliegen Gelbtafeln aufhängen.
- Spritzungen mit Rainfarn-Tee beugen gegen schädliche Insekten und Milben vor.
- Himbeerkäfer lassen sich vor der Blüte absammeln, indem man sie von den Blütenständen klopft und beim Herunterfallen auffängt.

Sehr dicht stehende Saatreihen sollte man ausdünnen, um den restlichen Pflanzen Platz für ihre Entwicklung zu lassen.

Juni

Schafskälte, Sonnenwende und Johanni, Siebenschläfer, Regenmonat oder Tropenhitze – im Juni ist einiges geboten. Langweilig wird's kaum.

Der Juni wird im Allgemeinen mit dem Frühsommer gleichgesetzt. Dieser beginnt, wenn die Apfelbäume verblühen und die Ebereschen zu blühen beginnen. Weitere typische Begleiter dieser Phase sind der Holunder sowie Rosen, die mit wenigen Ausnahmen jetzt in Blüte gehen.

Da sich der Gartenteich allmählich erwärmt, öffnen nun auch die Seerosen ihre ersten Knospen auf der Wasseroberfläche. Zudem reifen erste Erdbeeren sowie die frühen Kirschensorten.

Doch bis es so weit ist, müssen Mensch und Pflanze noch eine ungemütliche Periode überstehen: Als sogenannte Schafskälte werden einige Tage zu Beginn des Monats bezeichnet, an denen es zwar nicht mehr gefriert, doch die Temperaturen erreichen fast an den Nullpunkt heran. Und diese Phase tritt mit hoher Regelmäßigkeit ein. Der Gärtner tut gut daran, dies so manchem empfindlichen Pflänzchen zu ersparen.

WARMER REGEN

Ansonsten kann der Juni von recht unterschiedlichem Charakter sein. Oftmals ist er ein Regenmonat, in dem der Gärtner nur wenige Tage findet, an denen er die frühsommerliche Pracht genießen und seine Arbeiten verrichten kann. Manchmal bringt er aber auch nahezu tropische Temperaturen. Die Bauern fassten in ihrer Weisheit zusammen:

Ist der Juni warm und nass,
gibt`s viel Frucht und grünes Gras.

ENTSCHEIDENDE TERMINE

Am 21. Juni ist offizieller Sommerbeginn und Sonnenwende, also die kürzeste Nacht des Jahres. Von diesem Datum an werden die Tage schon wieder kürzer. Abgesehen von einem entsprechenden Freudenfeuer hat dies auch gärtnerische Konsequenzen. In den Bauernregeln ist allerdings mehr von »Johanni«, dem 24. Juni die Rede. Es ist beispielsweise der Termin, bis zu dem Rhabarber, Spargel und zahlreiche blühende Kräuter abgeerntet werden sollten – danach nicht mehr.
Ein weiterer sogenannter Lostag folgt am 27. Juni: Siebenschläfer.

Das Wetter am Siebenschläfertag
sieben Wochen bleiben mag.

Diese Regel legt zwar nahe, dass es den Trend zu einer lang anhaltenden Wetterperiode gibt. Aber sie trifft nicht so exakt zu, dass man wegen eines verregneten 27. Juni alle Hoffnung fahren lassen müsste.

Allgemein

RICHTIG BEWÄSSERN

Wenn in den Sommermonaten die Niederschläge ausbleiben, werden Gießkanne und Schlauch zum wichtigsten Arbeitsgerät des Gärtners. Die sinnvolle Versorgung der Pflanzen mit dem Lebenselixier beginnt jedoch schon bei der Anzucht. Lässt man die Erde nach dem Wässern wieder leicht antrocknen, werden die Pflänzchen zur Bildung kräftiger Wurzeln angeregt. Auch zum späteren Zeitpunkt auf dem Beet gilt die grundsätzliche Regel: Besser seltener, aber durchdringend als häufig und kleine Mengen wässern. So gewöhnen sich die Pflanzen daran, das Wasser aus tiefen Schichten zu ziehen, und überstehen Trockenperioden besser.
Der Wasserbedarf und die Gießhäufigkeit hängen neben den Licht- und Bodenverhältnissen vor allem von den individuellen Eigenschaften der Pflanzen ab. Steppenstauden und -gräser, Steingartenpflanzen oder mediterrane Kräuter sind ausgesprochene Trockenheitskünstler, die selbst bei anhaltender Sommerhitze keine Zusatzwässerung brauchen. Prachtstauden, Sommerblumen und Gemüsepflanzen wollen dagegen reichlich und regelmäßig gewässert werden. Auch die flach wurzelnden Rasengräser brauchen erhöhte Aufmerksamkeit, genauso wie Kübelpflanzen, deren Wasservorrat begrenzt ist.

Bewässert wird in der Regel der Wurzelballen – das Laub hingegen leidet nur darunter und ist zu verschonen

Checkliste

- Gießen Sie nach Möglichkeit nur den Wurzelbereich; überbrauste Blüten und Blätter können in praller Sonne »verbrennen« und in kühlen Nächten die Ausbreitung von Pilzkrankheiten begünstigen.
- Ein Gießrand führt das Wasser dahin, wo es gebraucht wird: zu den Wurzeln.
- Nie in der prallen Mittagshitze gießen. Die Pflanzen erleiden einen Temperaturschock und das Wasser verdunstet viel zu rasch.
- Idealer Zeitpunkt ist der kühle Morgen; bei abendlichem Gießen ist besonders darauf zu achten, dass die Blätter nicht benetzt werden.
- Lieber seltener und dafür gründlich gießen, als häufig und nur oberflächlich.
- Mulchen und gelegentliches Hacken ersparen den einen oder anderen Gießgang.

WELCHES WASSER IST GEEIGNET?

Der beste »Durstlöscher« für Pflanzen ist Regenwasser. Es ist weicher als Leitungswasser, gut temperiert und schont Trinkwasserressourcen und Geldbeutel. Wenn keine Möglichkeit zum Sammeln besteht oder die Regentonne nichts mehr hergibt, müssen wir Leitungswasser verwenden. Lassen Sie das Wasser nach Möglichkeit vor dem Gießen eine Zeit lang abstehen. So nimmt es eine pflanzenfreundliche Temperatur an, eventuell enthaltenes Chlor kann ausrauchen und Kalk absinken. Durch Einhängen von Torfsäckchen oder Enthärter aus dem Fachhandel lässt sich hartes Wasser etwas »erweichen« und wird verträglicher.

ÖKO-NISCHEN FÜR NÜTZLINGE

Igel, Blindschleiche, Erdkröte, Zaunkönig, Marienkäfer, Florfliegen, Schwebfliegen, Schlupfwespen, Laufkäfer ... – die Liste der tierischen Gärtnerfreunde, die wertvolle Dienste bei der Schädlingsregulierung leisten, ist lang. Je abwechslungsreicher der Garten ist, umso wohler fühlen sich die Nützlinge. Hecken, artenreiche Beete und Wiesen, Steingarten und Teich sind wahre Wellness-Oasen für die kleinen Helfer. Auch im kleinen Garten lassen sich geeignete Öko-Nischen schaffen. Totholzhaufen und Steinhügel dienen einer Vielzahl von Nützlingen als Unterschlupf. Auch abgestorbene Stängel und Samenstände von Stauden und Sommerblumen werden gern als Winterquartier angenommen. Effektive Nisthilfe für allerlei nützliche Insekten bieten die sogenannten »Insektenhotels«. Sie lassen sich aus Holz, Schilf, Bambusstäben, Baumrinde, Ziegelsteinen etc. leicht selbst herstellen, sind aber auch im Handel zu beziehen.

SCHATTIEREN IM GEWÄCHSHAUS

Ein Gewächshaus sollte einen möglichst sonnigen Platz im Garten bekommen. Die Lichteinstrahlung erwärmt das Treibhaus und ermöglicht eine deutlich längere Saison. Wenn die Sommersonne das Glashaus allerdings dermaßen erhitzt, dass man mit dem Gießen nicht mehr hinterherkommt, ist eine Schattierung nötig.
Natürlichen Sonnenschutz gewähren einjährige Rankpflanzen am Gewächshaus oder das Blätterdach eines sommergrünen Laubbaums. Mit Stoffen, Schilfmatten oder Bambusrollos sind sie flexibel und können ihren Schutz in der größten Nachmittagshitze kurzfristig aufziehen. Möglich ist auch der Anstrich mit Kalkwasser oder speziellen Schattierfarben aus dem Fachhandel. Der Regen spült die Farbe nach und nach wieder ab.

Wenn wir genügend wildnishafte Nischen anbieten, siedelt sich auch ein zarter Nützling wie die Florfliege an.

Als Schutz vor Überhitzung empfiehlt es sich unter Umständen, das Gewächshaus durch einen Anstrich zu schattieren.

Ziergarten

ZWEIJAHRESBLUMEN AUSSÄEN

Im Frühsommer beginnt die Aussaatzeit der zweijährigen Pflanzen. Sie müssen im ersten Jahr kräftige Wurzeln und Blätter entwickeln, um im kommenden Frühjahr und Sommer zu blühen. Wenn man sie gewähren lässt, machen sich viele Zweijährige selbstständig und überraschen Jahr für Jahr mit neuen Standpunkten.
Der Juni bietet sich vor allem für die empfindlichen Arten als Aussaatmonat. Dazu gehören Bartnelke, Maßliebchen, Goldlack, Vergissmeinnicht, Stockmalve und früh blühende Stiefmütterchen. Beachten Sie, dass es sich bei den meisten um Dunkelkeimer handelt! Es hat sich bewährt, die Anzuchtschalen im Keller zu behalten, bis sich die ersten grünen Spitzen zeigen. Dann müssen sie an die Sonne und bis zur Pflanzung im Spätsommer oder Herbst gehegt werden.

FANTASIEVOLLE PFLANZENSKULPTUREN

Mit kreativer Scherenführung und etwas Geduld lässt sich manch eintöniges Grün zum extravaganten Blickfang gestalten. Paradegehölze für den Formschnitt sind die immergrünen **Buchs** und **Eibe.** Sie treiben nach einem Schnitt rasch wieder aus, bilden ein dichtes Kleid und trotzen jedem Wind und Wetter. Ein gutes, wenn auch etwas empfindlicheres Formgehölz ist auch der **Kirschlorbeer.** Bei ihm lässt man die Heckenschere liegen und schneidet mit der Gartenschere, denn große durchgeschnittene Blätter geben kein schönes Bild ab. Kugel, Würfel, Kind & Kegel oder aufwendiger Knotengarten – die Formierung von Gehölzen kann zur leidenschaftlichen Passion werden. Während sich einfache Formen mit etwas Übung freihändig gestalten lassen, greift man bei den komplizierteren zu Hilfsmitteln. Aus

Schnittverträgliche Arten wie der Buchs lassen sich zu geometrischen Hecken, Kegeln, Kugeln und anderem formen.

Bambusstäben lassen sich Rahmen basteln, die die Schnittkanten für geometrische Formen vorgeben. Ein Kegel lässt sich perfekt trimmen, wenn man einen Stab ins Zentrum der Pflanze steckt und von dessen Spitze Orientierungsschnüre zum Boden spannt. Für aufwendige Tier- oder Menschenskulpturen ist handwerkliches Geschick gefragt: Aus festem Draht modelliert man dreidimensionale Schablonen, die über das Formgehölz gestülpt werden. Durch beständiges Schneiden und Festbinden der Zweige am Drahtgerüst wird die Figur immer dichter. Wer den Bastelaufwand scheut, kann vorgefertigte Schablonen im Fachhandel beziehen.
Die Häufigkeit des Schnitts richtet sich nach der Art der Pflanzengestalt. Einfache Formen bleiben schon bei zwei Schnitten zwischen Frühsommer und Herbst ansehnlich. Aufwendige Figuren behalten nur bei häufigem Trimmen alle vier bis sechs Wochen ihre Form.

AUGENWEIDE BUCHS

Kaum ein Gehölz ist so vielseitig verwendbar und stilprägend wie der immergrüne Buchsbaum. Mit ihm verbindet man das Linienspiel in einem Schlosspark genauso wie den romantischen Bauerngarten oder moderne Inszenierungen im streng formalen Garten. Er bildet den ruhigen Hintergrund zum bunten Blumenbeet oder übernimmt selbst die Führungsrolle, wenn er zur lebhaften Skulptur getrimmt wird.
Der Buchs bildet ein dichtes und bis zum Boden reichendes Blattkleid, das sich die ganze Wachstumsphase von April bis September geduldig formieren lässt. Seine Paraderolle sind Einfassungshecken. Dazu eignen sich die kompakt bleibenden Sorten 'Suffruticosa', 'Blauer Heinz' oder die grazil belaubte Sorte 'Herrenhausen'. Für höhere Hecken muss man auf wüchsigere Sorten zurückgreifen (z. B. 'Rotundifolia'). Buchs eignet sich auch hervorragend als Kübelpflanze. Dann muss er aber den Winter über geschützt werden.

Was sonst noch zu tun ist

- Auch die empfindlichsten Sommerblumen können jetzt ausgepflanzt werden.
- Spätblühenden Beetstauden tut eine zusätzliche Düngergabe in Form eines stickstoffbetonten organischen Düngers oder frischen Komposts gut.
- Nach der Blüte ist ein guter Zeitpunkt, um Stauden zu teilen.
- Es empfiehlt sich, die verwelkten Blütenstände von Rhododendren vorsichtig auszubrechen, sodass der Neuaustrieb nicht beschädigt oder behindert wird.
- Jetzt ist ein günstiger Zeitpunkt für die Stecklingsvermehrung von vielen Gehölzen.
- In Trockenperioden ist der Zierrasen zu bewässern und je nach Bedarf zu vertikutieren und zu düngen.

Einige Buchssorten lassen sich zur Einfassungshecke trimmen.

Verwelkte Rhododendron-Blüten vorsichtig ausbrechen!

Rosen für alle Fälle

DIE WICHTIGSTEN ROSENGRUPPEN

Kein Gehölz umfasst ein derart breites Spektrum an Sorten und Wuchsformen wie die Rose. Die Gartenkönigin genießt die Einzelstellung, lässt sich aber auch wunderbar ins bunte Miteinander integrieren.
Beetrosen sind für Beet und Rabatte wie geschaffen. Sie wachsen schön buschig und präsentieren ihre farbenfrohen Blütenbüschel oft ohne nennenswerte Pause von Juni bis weit in den Oktober hinein. Die Blütenstände können viele kleine oder wenige große Blüten tragen, gefüllt oder einfach, kugelig oder flach.
Bei den **Edelrosen** sitzen die edel geformten Blüten einzeln auf langen Stielen – die klassische Schnittrose. Alleine wirken Edelrosen manchmal etwas kantig, weshalb man sie auch sehr gerne in Gruppen pflanzt oder mit Stauden kombiniert.
Strauchrosen kommen in Einzelstellung oder in kleinen Gruppen am besten zur Geltung. Es handelt sich meist um öfter blühende Kultursorten, die zwischen ein und zwei Metern hoch werden. Zu Ihnen gehören auch die **Alten Rosen** sowie die **Englischen Rosen,** die den Duft und Charme der alten mit den Vorzügen der modernen Rosen verbinden. **Wild- und Parkrosen** blühen nur einmal, überzeugen aber durch robusten Wuchs. Anstelle des zweiten Flors treten bei ihnen zur Freude der Vogelwelt die Hagebutten.
Bei **Kletterrosen** unterscheidet man die öfter blühenden und bis zu 3 m hoch kletternden **Climber** von den einfach blühenden **Ramblern,** die Höhen von 5–10 m erreichen. Als Spreizklimmer benötigen Kletterrosen ein starkes Gerüst, an dem sie ihre bestachelten Triebe verhaken können.

Strauchrosen mit derart gefüllten Blüten ('Belvedere') knüpfen an den Charme der „alten" Rosen an.

Empfehlenswerte Beetrosen: 'Margaret Merril' (weiß, gefüllt), 'Goldelse' (goldgelb, gefüllt), 'Aprikola' (aprikot, gefüllt, ADR), 'Sommerwind' (rosa, gekerbte Blütenblätter, ADR), 'Bad Birnbach' (lachsrosa, halbgefüllt, ADR), 'Red Leonardo da Vinci' (dunkelrot, gefüllt, ADR)

DER RICHTIGE PLATZ

Rosen lieben die Sonne, wollen aber nicht zu heiß und trocken stehen. In praller Hitze sind sie nicht nur empfänglich für Spinnmilben und andere Quälgeister – sie verblühen auch rascher, und manche Sorte neigt bei extremer Lichteinstrahlung zum Verblassen.
Luftige Standorte sind bei Rosen besonders begehrt. Wenn eine leichte Brise durch die Sträucher streichen kann, trocknet das Laub nach einem Regen rasch wieder ab und Pilze finden kaum Gelegenheit, sich zu verbreiten. Ihre langen Wurzeln schlagen Rosen am liebsten in tiefgründige und humose Gartenerde. Staunässe bekommt ihnen überhaupt nicht.

ROSEN PFLEGEN

Rosen blühen zwar oft unermüdlich, ihr Nährstoffbedarf hält sich aber in Grenzen. In humoser Gartenerde genügt meist eine Düngergabe nach dem Frühjahrsschnitt. Bei Bedarf gibt es während des ersten Flors etwas Nachschub. Später sollte keine Düngung mehr erfolgen, damit die Triebe ausgereift in den Winter gehen können. Ausgenommen sind spezielle Kalium-Dünger, welche die Widerstandsfähigkeit der Rosen fördern.

Als Tiefwurzler können Rosen kürzere Trockenperioden gut überstehen. Es tut ihnen aber gut, wenn man den Boden gleichmäßig feucht hält. Vor allem frisch gepflanzte Rosen wollen in heißen Sommerwochen ausgiebig gewässert werden. Eine Schicht Rindenmulch oder Rasenschnitt erspart etwas Gieß- und Jätarbeit.

Neben dem Hauptschnitt im Frühjahr (siehe S. 52) sind bei öfterblühenden Sorten regelmäßig welke Blüten auszuschneiden. Das fördert den zweiten Flor und beugt Grauschimmel vor.

Im Beet lassen sich Rosen gut mit Lavendel und anderen Blumen in roten und blauen Blüten vergesellschaften.

TIPPS GEGEN ROSENPLAGEN

Rosen gehen ungern Kompromisse ein. Passt der Standort nicht, schlappen sie, und Schädlinge sowie Pilzkrankheiten haben leichtes Spiel. Aber auch der richtige Umgang mit den Pflanzendiven spielt eine gewichtige Rolle:

- Pilze breiten sich über Spritzwasser aus. Setzen Sie die Pflanzen nicht zu eng und lichten Sie sie regelmäßig aus, damit sie rasch abtrocknen können. Gießen Sie nur von unten.
- Düngen Sie zurückhaltend. Eine einseitige Stickstoffdüngung erweicht das Pflanzengewebe und macht es anfällig für Schädlinge und Krankheiten.
- Monokulturen aus vielen Rosen sind möglichst zu vermeiden, damit sich Krankheiten nicht epidemieartig ausbreiten können.
- Pilzbefallene Blätter und Triebe sind abzusammeln und zu vernichten – spätestens vor dem Einwintern!
- Pflanzenstärkungsmittel beugen Krankheiten vor und helfen gegen Blattläuse (siehe S. 102).
- Wählen Sie dem Klima angepasste und widerstandsfähige Sorten. Besonders robuste Sorten erhalten das begehrte ADR-Siegel (Allgemeine Deutsche Rosenneuheitenprüfung).

Vom Rost oder von anderen Pilzkrankheiten befallene Blätter sind möglichst rasch zu entfernen.

Lebensräume mit Wasser gestalten

GESTALTEN UND BEPFLANZEN

Natürlich geschwungene Form oder geradlinige Begrenzung, Naturteich oder formaler Teich bzw. Wasserlauf? Natürlich beeinflussen auch die verwendeten Baumaterialien wie Folie, Lehm, Gussform oder Stein den Stil und Charakter eines Wassergartens, aber dieses Thema soll hier nicht behandelt werden.

Ein Naturteich will dicht und artenreich bepflanzt sein, er lockt die Tierwelt an zur Freude von Kindern und Erwachsenen. Hierfür ist eine sonnige Lage wichtig; allerdings hat man dann unter Umständen auch mit Algen zu kämpfen. Zudem sollte der Teichboden in terrassenartigen Stufen angelegt werden, auf denen Pflanzen entsprechend ihrer verschiedenen Ansprüche wachsen können. Die größte Vielfalt siedelt dabei in den flachen Randbereichen.

Moderne Anlagen dagegen leben oft von wenigen oder gar einzelnen Pflanzenarten mit architektonischer Wirkung, die bei einer gelungenen Gestaltung umso eindrucksvoller sein kann – oft sind es Gräser oder andere prägnante Gestalten. Ein andermal können es aber auch die gemusterten japanischen Koi-Karpfen sein, die im ruhigen, klar strukturierten Bild des Wassergartens den Blickfang abgeben.

Ein Bach kann beide vorgenannten Stile annehmen – als vielfältig bepflanzter, lustig plätschernder Mäander oder als in glatten Röhren fließender Wasserlauf.

In einer naturnahen Teichanlage mit Sumpf und bewachsenem Ufer finden viele Pflanzen und Tiere ihren Lebensraum.

MINITEICHE UND WASSERSPIELE

Auch unter beengten Bedingungen braucht niemand auf einen Wassergarten verzichten. Im Prinzip genügt ein Gefäß von beliebiger Größe, in das man Wasser füllt und eine oder mehrere zur Tiefe passende Pflanzen einsetzt. Das kann eine Zinkwanne sein, ein Fass oder eine Tonne, aber auch ein Keramik- oder Glasgefäß, aus denen eine Sumpfschwertlilie, ein Zwerg-Rohrkolben oder ein Hechtkraut wächst. Kombiniert man mehrere solcher Gefäße, erfordert das auch nicht viel Platz, aber es entstehen auf diese Art Bilder von kompletten kleinen Wasserlandschaften.

Eine absolute Attraktion für jeden Garten, die wenig Raum in Anspruch nimmt, sind Wasserspiele. Bereits mit kleinsten Brünnchen oder wasserspeienden Figuren lassen sich eindrucksvolle Effekte erzielen. Und selbst für einen Quellstein braucht man kaum mehr als einen Quadratmeter Platz. Zu modernen formalen Anlagen, zum Beispiel in steinernen oder metallischen Rinnen verlaufenden Bächlein, passen die spiegelnd glatten Oberflächen der Wasserkaskaden ganz besonders gut.

WO DIE PFLANZEN LEBEN

Entsprechend dem Vorbild der Natur sollte ein wechselfeuchter Übergang das Ufer eines Gartenteichs bilden – umgangssprachlich als Sumpf bezeichnet. Die Pflanzen dieser Zone – wie Sumpfdotterblume und Blutweiderich – sind besonders anpassungsfähig und können sowohl in stehender Nässe als auch in ausgetrocknetem Boden überleben. Wenn das Substrat besonders sauer ist, sprechen wir vom Moorbeet, in dem eine weitere interessante Flora beheimatet ist.

Auch die Pflanzen in den flachen Randzonen, wie Kalmus oder Fieberklee, zeigen sich recht flexibel hinsichtlich des Wasserstandes. Gemeinsam mit den Sumpfpflanzen sind sie in der Lage, das Wasser zu klären, sodass man darin baden kann.

In den tieferen Zonen können auch noch einzelne Schwimmblattpflanzen (z. B. Seerosen) wurzeln, doch charakteristisch hierfür sind Unterwasserpflanzen (z. B. Hornkraut), die nur in Ausnahmefällen aus dem Wasser ragen, sowie Schwimmpflanzen (z. B. Muschelblume oder Wasseraloe), deren Laubrosetten auf der Oberfläche treiben. All diese Pflanzen zusammen bilden ein ebenso sensibles wie anmutiges Gleichgewicht.

Schon in einem flachen Gefäß lässt sich ein Feuchtbiotop mit der entsprechenden Bepflanzung anlegen.

Während das Hechtkraut im flachen Wasser wurzelt, schwimmen andere Arten an dessen Oberfläche.

Balkon & Terrasse

DAS SORTIMENT WIRD KOMPLETT

Wer bisher nicht dazu gekommen ist, die Sommerbepflanzung anzulegen, oder es nicht über das Herz gebracht hat, die Frühjahrsbepflanzung abzuräumen, der kann dies jetzt noch gut tun. Spätestens, wenn Anfang des Monats der letzte Kälterückschlag überstanden ist, können auch die empfindlicheren Arten (siehe S. 68) bedenkenlos ausgepflanzt werden.

Gönnen Sie doch auch einigen Ihrer Zimmerpflanzen einen Freiluft-Aufenthalt! Sie werden es Ihnen mit frischem Wachstumsschwung danken. Aber Achtung – vergessen Sie nicht, die Pflanzen erst langsam an die neue Situation, insbesondere die direkte Besonnung, zu gewöhnen.

Auch derjenige, der sich Handfesteres als Blümchen wünscht, kommt nun voll auf seine Kosten. Wenn die Gefäße nur jeweils groß genug sind, kann man auf Balkon und Terrasse auch Nutzpflanzen anbauen: Sonnenhungrige, aber ansonsten anspruchslose Kräuter, Salate, Rüben, Bohnen, Tomaten und andere Fruchtgemüse, ja sogar schwachwüchsige Obstgehölze lassen sich in Kästen und Kübeln bis zur Erntereife ziehen!

BALD REGELMÄSSIG DÜNGEN

Die zugekauften Balkonpflanzen stehen schon kräftig in Blüte, bei den selbst angezogenen dauert es normalerweise ein bisschen länger. Damit sie ihr Potenzial voll ausschöpfen können, sollten sie durch regelmäßige Düngergaben unterstützt werden. Allerdings wartet man damit, bis die Pflanzungen angewachsen sind und ein ausreichend kräftiges Wurzelsystem entwickelt haben. Bei überwinterten Pflanzungen ist dies von vorneherein der Fall.

Besonders rasch verfügbar und deshalb am wirkungsvollsten sind Flüssigdünger, wie sie der Fachhandel in reicher Auswahl anbietet. In der Regel werden diese einmal pro Woche mit dem Gießwasser verabreicht, Dosierung laut Packungsangabe. Einige der verwendeten Pflanzen sind jedoch ausgesprochene Starkzehrer und reagieren erst auf die doppelte Ration – also zwei Düngegaben pro Woche – mit überwältigender Blütenfülle. Dazu gehören zum Beispiel Kübelpflanzen wie Engelstrompete, Enzianstrauch *(Solanum rantonettii)* oder Oleander, aber auch unsere Geranien, Verbenen und andere wüchsige Balkonpflanzen.

Bar jeder Frostgefahr, können nun auch die empfindlichsten Südländer an einen Freiluft-Standort gewöhnt werden.

Zusätzlich zu solchen Vorratsdüngern dürfen einige Balkonpflanzen flüssig gedüngt werden, damit sie reich blühen.

Nutzgarten

GUTER AUSSAATTERMIN

Noch rasch säen:

- Chicorée, Rote Bete,
- Gurken, Tomaten, Paprika, Zuckermais.

Im Juni kann im Nutzgarten gesät werden:

- Sommersorten von Kopf-, Eis-, Schnitt- und Pflücksalaten,
- Endiviensalat, Radicchio,
- Möhren, Petersilie, Dill,
- Herbstrettich, Fenchel,
- Buschbohnen mit Bohnenkraut,
- Spätsorten von Lauch,
- Blumenkohl, Brokkoli,
- Chinakohl, Rosen- und Grünkohl,
- Wirsing, Weiß- und Rotkohl;
- ab Monatsmitte Zuckerhut.

Mit Ausnahme des Zuckerhuts können diese Arten auch alle gepflanzt werden, ebenso Sellerie. Für Grün- und Rosenkohl sowie Basilikum und Majoran ist dies sogar der optimale Zeitpunkt.

GEMÜSETIPPS

- Viele Fruchtgemüse, aber auch andere Arten, brauchen Stütz- oder Rankgerüste, damit sie ihre nahrhafte Last tragen können.
- Zahlreiche Gemüse reagieren wie die Kartoffeln dankbar, wenn man sie anhäufelt. Dazu gehören die Kopfkohl-Arten, Lauch, Bohnen und Erbsen.
- Eine Mulchabdeckung schützt bei Niederschlägen gegen Verschlämmung und unterdrückt Unkräuter. Noch wichtiger allerdings ist sie bei anhaltend sonniger Witterung zur Erhaltung der Bodenfeuchtigkeit.
- Sobald die Kulturen gut eingewurzelt sind, sollte man ihnen eine Zusatzdüngung verabreichen. Am wichtigsten ist dies bei starkzehrenden Fruchtgemüsen oder Kohlarten.
- Zu dicht stehende Pflänzchen in den Saatreihen sind auszudünnen. Die halb entwickelten Salatpflänzchen müssen Sie dabei nicht auf den Kompost geben: Aus ihnen lässt sich bereits eine kleine Salatschüssel zubereiten!
- Um das Ausbleichen der »Blume« zu fördern, können Sie beim Blumenkohl drei, vier Blattspitzen so einknicken, dass sie vor Lichteinstrahlung geschützt ist.

TOMATEN-PFLEGE

Etwa alle 14 Tage sollten Sie die Achseltriebe ausgeizen, damit sich der Strauch nicht unübersichtlich verzweigt und größere Früchte entwickelt.
Die bodennahen Blätter entfernt man zur Vorbeugung gegen die Krautfäule. Am wirkungsvollsten ist jedoch ein Dach über den Pflanzen, das sich recht einfach aus Dachlatten und Folie herstellen lässt. Denn wenn das Laub vor Niederschlagsnässe geschützt ist, kann sich diese Pilzkrankheit schlechter ansiedeln und ausbreiten. Verbräunte Blätter oder gar welkende Pflanzen sind umgehend zu entfernen und gehören auch nicht auf den Kompost.

Radieschen sind eine der raschwüchsigsten Kulturen und können während der ganzen Saison gesät werden.

PFLEGE DER GEWÄCHSHAUS-KULTUREN

Weil Tomaten Windbefruchter sind, muss man entweder gelegentlich das Gewächshaus durchlüften oder durch Rütteln von Hand die Befruchtung unterstützen. Dasselbe gilt für Auberginen.
Auch wegen der zunehmenden Wärme ist häufigeres Lüften zu empfehlen. Bei vollsonnigem Stand ist sogar an eine Schattierung zu denken.
Selbstverständlich sollten Sie unter solchen Umständen für ausreichende Bewässerung sorgen. Andernfalls bleibt die Ernte gering. Insbesondere Gurken werden bei Wassermangel schnell krank und bitter.

ERNTE UM JOHANNI (24. JUNI)

Nun lassen sich die mehrjährigen sowie die zeitig gepflanzten Gewürzkräuter bereits laufend beernten. Majoran wird im Knospenstadium geerntet, möglichst in den Morgenstunden. Bei den übrigen Arten – zum Beispiel der Zitronenmelisse – empfiehlt sich das Abernten, bevor die Pflanzen zu blühen beginnen, weil sie in diesem Stadium die meisten Wertstoffe enthalten.
Dabei gilt oftmals die Bauernregel, dass Johanni der beste Termin ist, um die geernteten Blatttriebe anschließend durch Trocknung zu konservieren. Damit dies schonend geschieht, hängt man die Triebe nicht in die pralle Sonne. Auch beim Einfrieren gehen in der Regel wenige Wertstoffe verloren.
Blühender Schnittlauch darf und sollte kräftig zurückgeschnitten werden.
Sollte der Rharbarber Blütenansätze zeigen, dann ist es sinnvoll, diese Anfang des Monats zurückzuschneiden. Seine Ernte sollten Sie mit Johanni beenden. Denn später steigt der Gehalt an gesundheitsschädlicher Oxalsäure in den Blättern. Zudem kann sich die Pflanze dann besser regenerieren, insbesondere wenn Sie die weitere Entwicklung durch eine Düngergabe unterstützen.
Der Spargel ist ganz ähnlich zu behandeln; hier ist die Ernte ebenfalls mit dem 24. Juni abzuschließen.

Paprika (vorne) und insbesondere Gurken müssen im Gewächshaus ausgiebig gewässert werden.

Abweichend von anderen Ernteregeln gewinnt man den Majoran am besten im knospigen Stadium.

VORSORGE BEI DEN ERDBEEREN

Im Erdbeerbeet beginnt die Erntezeit! Vergessen Sie nicht, die Früchte rechtzeitig vor der Ernte mit Stroh zu unterlegen. Dies beugt nicht nur ihrer Verschmutzung und dem gefürchteten Grauschimmelbefall vor: Eine solche Mulchschicht sorgt für eine ausgeglichenere Wasserversorgung, und die ist Voraussetzung für die Entwicklung größerer Früchte!

Tausendfüßler verderben oftmals die Freude an den süßen Beeren, indem sie daran nagen. Legen Sie Kartoffelscheiben zwischen den Erdbeerreihen aus: Die Kerbtiere sammeln sich gerne darunter und können dann regelmäßig abgesammelt werden.

Es empfiehlt sich, jeweils etwa ein Drittel der Pflanzen durch Nachwuchs zu ersetzen. Dazu nehmen Sie von gesunden Pflanzen, die eine besonders reiche Ernte bringen, die ersten, also die kräftigsten Ausläufer ab und setzen sie zur Bewurzelung in lockere, humose Erde. Alle übrigen Ausläufer sollten regelmäßig ausgeputzt werden, damit kein Triebgewirr entsteht.

DIE ERNTE ZEICHNET SICH AB

Der sogenannte Junifruchtfall ist ein ganz natürlicher Entwicklungsvorgang, der unserem Anliegen sogar entgegenkommt. Denn wenn der Baum zu viele Früchte trägt, werden diese umso kleiner; deshalb hilft der erfahrene Gärtner bei Bedarf sogar selbst nach, indem er die Kernobst-Zweige kräftig schüttelt oder gezielt die Fruchtbüschel ausdünnt und jeweils nur die zwei kräftigsten Früchtchen daran belässt. Diese Maßnahme wirkt zudem dem Alternieren entgegen – also dem Phänomen, dass der Baum im einen Jahr überreich und im nächsten kaum Früchte trägt.

TIPP Schäden durch Birnengitterrost sind im Hobbygarten so gering, dass eine Bekämpfung nicht lohnt.
Steil aufrecht stehende Wasserschosser werden am besten mit der bloßen Hand ausgerissen.

Schon bald nach der Blüte sollte man die Erdbeerpflanzen mit einer Mulchschicht aus Stroh unterlegen.

Birnengitterrost fällt auf durch seine orangefarbenen Flecken, ist aber ungefährlich.

Juli

Nun beginnt die Zeit, in der Sie die Früchte Ihrer gärtnerischen Bemühungen ernten können – vom Baum, vom Strauch sowie vom Gemüse- und vom Blumenbeet.

Kaum hat sich der Sommer etabliert, haben wir uns an warme Tage und milde Nächte gewöhnt – und schon müssen wir uns mit dem Gedanken abfinden, dass die Tage bereits wieder kürzer werden.

Auch bei den Pflanzen wurde damit der eine oder andere Schalter umgelegt. Zum Beispiel geht ihre Entwicklung nicht mehr so schnell voran wie noch bis vor wenigen Wochen. Bei genauer Beobachtung ist das sogar spürbar.

Was der Juli nicht kocht,
kann der September nicht braten.

... meint der Volksmund dazu. Und folglich:

Ein feuchter Julimond
hat sich noch nie verlohnt.

Wenn hingegen alles gut geht, dann haben wir noch einige sehr warme Wochen vor uns; und das wäre Eltern wie Kindern insbesondere während der Ferienzeit von Herzen zu vergönnen.

DEN ERFOLG ERNTEN – ODER WEGFAHREN?

Im Prachtstaudenbeet zeigen sich nun zahlreiche attraktive Blüher in Höchstform, wie Phlox, Astilbe, Rudbeckie oder auch der Schmetterlingsstrauch *(Buddleja).* Auch die kurzlebigen Sommerblumen erreichen nun ihr ansprechendstes Stadium, nachdem sie ja erst im Mai ausgepflanzt wurden.

Wenn man es genau nimmt, sind diese Wochen eigentlich viel zu schade, um in den Urlaub zu fahren. Auch gerade deshalb, weil nun in größerem Umfang erste Gemüse reifen! An den Johannisbeer- und Stachelbeersträuchern warten die süßen Früchte darauf, abgepflückt und zu Kompott, Marmelade oder Kuchenbelag verarbeitet zu werden. Und an den Bäumen rufen zahlreiche Kirschen- und Zwetschgen-Sorten nach dem Erntegefäß des Gärtners – wenn sie nicht nur Vögeln und Wespen zum Opfer fallen sollen.

VORHERSAGE DANK DER AMEISEN

Gegen Ende des Monats lohnt es sich, die Natur zu beobachten. Es gibt nämlich gleich mehrere Bauernregeln die besagen, dass sich aus dem Verhalten der Ameisen zu dieser Zeit ein interessanter Rückschluss auf den bevorstehenden Winter ziehen lässt.

Werfen die Ameisen am Annatag (26. Juli) auf,
folgt ein harter Winter drauf,

... heißt eine von ihnen. Die kleinen Gliedertiere scheinen Antennen dafür entwickelt zu haben, wie intensiv sie sich vor der nahenden Kälte schützen müssen.

Allgemein

UNERWÜNSCHTE KRÄUTER UND GRÄSER

Um Wildkräutern erfolgreich Einhalt zu gebieten, muss man ihre Strategie kennen. Vogelmiere, Franzosen- oder Ackerhellerkraut sind Vertreter der **Samenunkräuter.** Um ihre rasante Verbreitung über Samen zu unterbinden, sollten sie spätestens zur Blüte entfernt werden. **Wurzelunkräuter** wie die Ackerwinde, Quecke oder Giersch breiten sich hauptsächlich über Rhizome aus. Diese besonders hartnäckigen Kandidaten müssen immer samt Wurzeln entfernt werden. Bleibt nur ein kleines Wurzelstück im Boden, wird sich daraus eine neue Pflanze entwickeln.

Wehret den Anfängen! Wenn man schon bei der Beetvorbereitung im zeitigen Frühjahr einen Großteil der Kräuter erwischt, spart man sich später viel Arbeit. Neuer Aufwuchs wird entweder ausgehackt oder durch eine Mulchdecke unterdrückt. Im Ziergarten helfen Bodendecker, im Gemüsebeet lässt sich das Unkraut durch eine ausgewogene Mischkultur bremsen.

TIPP Werfen Sie samenreife Kräuter und Wurzelstücke nicht auf den Komposthaufen, sonst gelangen sie unter Umständen wieder ins Beet und verbreiten sich dort erneut.

Mit der Bügelhacke lassen sich eher flach wurzelnde Unkräuter gezielt zwischen den Kulturpflanzen entfernen.

DER MULCH MACHT'S

Eine dauernde Bodenbedeckung aus organischen Materialien erspart nicht nur mühevolles Jäten – sie hat auch viele weitere Vorteile:

- Die Mulchschicht hält den Boden länger und gleichmäßig feucht. Im Sommer muss man deshalb weniger wässern.
- Extreme Temperaturschwankungen werden durch eine Mulchschicht ausgeglichen.
- Der Boden wird vor Verschlämmung, Verkrustung und Erosion geschützt. Die Bodenkrümelung bleibt weitgehend erhalten.
- Bodentiere und Mikroorganismen setzen aus dem verrottenden Mulchmaterial zusätzliche Pflanzennährstoffe frei.

Nahezu alle zerkleinerten organischen Materialien lassen sich zum Mulchen verwerten. Sehr praktisch sind »Gartenabfälle« wie vorgetrockneter Rasenschnitt, Laub, Gemüsereste oder gehäckselter Strauchschnitt.

TIPP Rinden- oder Holzhäckselmulch entziehen dem Boden Stickstoff. Damit die Pflanzen nicht kümmern, sollten Sie vor dem Mulchen 50–80 g Hornspäne pro Quadratmeter ausbringen.

Eine Mulchschicht schützt den Boden sowohl vor Verschlämmung als auch vor Austrocknung.

Bewässerungshilfen für den Alltag

WASSER SAMMELN LOHNT SICH

In der Hitze des Hochsommers kann es ganz schön mühevoll werden, anspruchsvolle Blumen- und Gemüsekulturen in vollsonnigen Beetlagen vor dem Verdursten zu bewahren. Noch mehr Aufwand verursachen Töpfe, Kästen und Kübel, denn in dem geringen Substratvolumen kann nicht viel Wasser gespeichert werden. Stattdessen verdunstet es besonders rasch. Je größer Garten und Gießaufwand, desto mehr lohnt es daher, sich Gedanken zu machen, wie man sich diese Arbeit erleichtern kann.
Eine Möglichkeit zur Sammlung von sauberem Regenwasser, z. B. in einer Tonne, ist auf jeden Fall sinnvoll, weil man dadurch nicht nur an der Wasserrechnung spart, sondern auch meist das pflanzenfreundlichste Wasser erhält (siehe auch S. 76).

Regenwassser ist nicht nur kostenlos, sondern meist auch von besserer Qualität für die Pflanzen als Leitungswasser.

INDIVIDUELL BEWÄSSERN

Großmutters Methode mit der **Gießkanne** ist sehr meditativ, doch in den allermeisten Gärten technisch zumindest durch einen Schlauchanschluss im Freien überholt. Die Handhabung des **Schlauches** kann mithilfe einer Rolle oder eines Rollenwagens sowie von Führungskanten vereinfacht werden. Ein am Ende angebrachter Gießstab mit Brause ermöglicht das zielgerechte Wässern des Wurzelballens, ohne dass man sich dauernd bücken und strecken muss.
In der Regel ist es empfehlenswert, sich für ein **System** zu entscheiden, das dann anhand der einheitlichen Steckkontakte nach Bedarf erweitert werden kann. Um das Wasser aus der Regentonne oder einem anderen Reservoir mit dem Schlauch versprühen zu können, sollten Sie sich zudem eine **Pumpe** anschaffen.
Auch ein Micro-Drip- oder **Tröpfchenbewässerungs-System** reguliert die Wasserzufuhr ebenso ziel- wie bedarfsgerecht, zum Beispiel anhand der Fühler des bewährten Tropf-Blumat-Systems. Doch für Hobbygärtner beschränkt sich der Einsatz in der Regel auf kleine Bereiche (Terrasse) oder wertvolle Kulturen.

Bei der Tröpfchenbewässerung wird die Wassermenge exakt gesteuert abgegeben.

FLÄCHENBEREGNUNG

Zweifellos ist es einfach, einen Regner hinzustellen, der dann selbsttätig eine ganze Fläche benässt. Doch es hat auch Nachteile. Nicht nur, dass man darauf verzichten muss, die sorgsam gehegten Pflanzenlieblinge nach individuellem Bedarf zu beglücken: Bei flächiger Beregnung wird das komplette Laub benetzt, was eigentlich vermieden werden sollte, weil sich auf den feuchten Pflanzenteilen leichter Fäulnis- und Schimmelpilze ansiedeln.
Als sinnvoll und empfehlenswert hat sich die selbsttätige flächige Beregnung vor allem bei großen, intensiv gepflegten Rasenflächen bewährt.
Die Regner, die man jeweils am Ende eines Schlauches ansteckt, unterscheiden sich durch ihre verschiedenen Bewegungsmuster. Man kann sie passend zur Form der zu bewässernden Fläche wählen, also als Kreis- oder Viereckregner in verschiedenen Größen, aber auch nach ästhetischen Gesichtspunkten.

AUTOMATISCHE STEUERUNG

Sowohl Regner als auch manche Tröpfchenbewässerungs-Systeme lassen sich mittels eines kleines Computers steuern, der zwischen Schlauch und Wasserhahn installiert wird. Wer diese Technik in Anspruch nimmt, braucht nicht mehr zur rechten Zeit den Hahn aufdrehen, sondern kann dies der Automatik überlassen. Ganz nach Wunsch stellt man einen gewissen Rhythmus ein oder ein Fühler misst die Bodenfeuchte, um dann bei Bedarf die Wasserzufuhr zu veranlassen. Insbesondere bei längerer Abwesenheit wie im Urlaub leistet eine solche Steuerung unersetzliche Dienste.
Den letzten Schliff an Perfektion erreicht eine Bewässerungsanlage, wenn die derart gesteuerten Regner zunächst unsichtbar unter der Bodenoberfläche auf ihren Einsatz warten, um dann wie von Geisterhand aufzutauchen und ihr erfrischendes, Pflanzendurst löschendes Werk zu vollbringen.

Ein derartiger Regner pendelt um eine Achse und deckt so mit seinen Wasserstrahlen eine rechteckige Fläche ab.

In der Erde steckende Tonkegel regulieren bei dieser Tröpfchenbewässerung die abgegebene Wassermenge.

Ziergarten

HECKEN FORMIEREN

Schnitthecken müssen regelmäßig getrimmt werden, damit sie sich schön verzweigen, ein wind- und blickdichtes Blattwerk entwickeln und den Garten in einen behaglichen Wohnraum gliedern.
Mit etwas Übung lassen sich Hecken freihändig in gleichmäßig gerade Form bringen. Treten Sie hin und wieder ein paar Meter zurück und kontrollieren Sie das Gesamtbild. Für exakte Kanten kann man eine Orientierungsschnur entlang den Fluchtlinien spannen.
Ob wir die Heckenkrone abrunden oder kantig schneiden, ist eine Frage des Geschmacks und des Gartentyps. In jedem Fall sollte die Heckenbasis aber breiter bleiben als die Krone. Dadurch wird verhindert, dass die unteren Astpartien an Lichtmangel leiden und allmählich verkahlen. Neben einer einwandfrei funktionierenden Heckenschere sollte man auch eine Ast- oder Gartenschere für dicke Triebe zur Hand haben. Mit einer Gartenschere lassen sich nach dem Schnitt bequem allerletzte Korrekturen vornehmen.

STAUDEN ZURÜCKSCHNEIDEN

Die Blütezeit vieler Stauden und Sommerblumen lässt sich bis in den Herbst verlängern, wenn man ihnen die Kraftanstrengung der Samenreife erspart und welke Blütenstände regelmäßig abschneidet oder auszupft. Dadurch lässt sich auch wildes Aussamen der Prachtblüher, die oft nicht sortenecht ausfallen, verhindern.
Einige Staudenarten und -sorten haben die Fähigkeit zu remontieren, das heißt, sie belohnen einen kräftigen Rückschnitt unmittelbar nach der Blüte mit einem zweiten Flor im Herbst. Schneiden Sie die Stauden handbreit über dem Boden ab und geben Sie etwas Kompost oder Dünger als Starthilfe. Schon nach vier bis sieben Wochen erleben die Pflanzen ihren zweiten Frühling.
Zur Gruppe der Nachblüher gehören:

- Rittersporn (*Delphinium*-Hybriden)
- Katzenminze (*Nepeta × fassenii*)
- Feinstrahlaster (*Erigeron*-Hybriden)
- Sommer-Salbei (*Salvia nemorosa*)
- Pfirsichblättrige Glockenblume (*Campanula persicifolia*)
- Dreimasterblume (*Tradescantia andersoniana*)
- Goldkörbchen (*Chrysogonum virginianum*)
- Kugeldistel (*Echinops ritro*)
- Storchschnabel in vielen Arten und Sorten (*Geranium*)

Was sonst noch zu tun ist

- Viele Zweijährige können jetzt ausgesät werden.
- Die Zwiebeln von Herbstkrokus und Herbstzeitlose kommen ins Beet.
- Im Naturgarten lässt man die Wildstauden teilweise versamen. Die Samenstände dienen auch vielen Tieren als Nahrungsquelle.
- Rosen können jetzt und später wieder im August okuliert (veredelt) werden.
- Gelegentlich ist das Beet zu hacken und von störenden Kräutern zu befreien.
- Wässern nicht vergessen! In der Sommerhitze dursten viele Pflanzen und der Rasen verbräunt. Bei Bedarf muss der Teich aufgefüllt werden.

Vorsicht mit der elektrischen Heckenschere!

Rittersporn blüht nach Rückschnitt ein zweites Mal.

Balkon & Terrasse

NEUE BLÜTEN STATT SAMEN UND FÄULNIS

Die Pflanzungen haben sich inzwischen gut eingewöhnt und eingewurzelt, die ersten Blüten sind sogar schon wieder am Verwelken.
Solche alten Blüten sollten Sie möglichst bald ausbrechen oder -schneiden, nicht nur weil sie das Erscheinungsbild trüben: Es sollte vermieden werden, dass die Pflanzen ihre Kräfte damit verschleudern, an den Blütenständen Samen zu bilden, um sie stattdessen zur stetigen Bildung neuer Blütenknospen anzuregen.
Bei Nässe schimmeln bzw. faulen die alten Blütenstände zudem rasch, insbesondere die von Geranien und Petunien. Nur wenige Züchtungen gelten als »selbstreinigend«, das heißt, sie werfen die verwelkten Blüten ohne unser Zutun ab.
Manche Arten, wie zum Beispiel Männertreu, können nach dem ersten Blühhöhepunkt durch kompletten Rückschnitt zu einer zweiten Vollblüte angeregt werden.

Verwelkte Blüten sollte man ausbrechen, bevor sie Fäulniserreger verbreiten oder zur Samenbildung übergehen.

INTENSIV BEWÄSSERN

Während der heißesten Wochen des Jahres erfordert es durchaus einigen Aufwand, den Wasserverbrauch der Balkon- und Kübelpflanzen zu sättigen. Denn die Erde in den relativ kleinen Behältern kann nicht viel Wasser speichern, während sie – insbesondere bei voll sonnigem Stand – umso mehr Wasser verdunstet, sogar durch die Wände eines Tontopfs.
Wenn man genau hinschaut, kann man akuten Wassermangel leicht an den schlaffen Pflanzengestalten erkennen. Wüchsige Balkon- oder Kübelpflanzen in der prallen Sonne muss man oft sogar morgens und abends gießen. Eine Tröpfchenbewässerung oder gar eine computergesteuerte Automatik erweist sich daher nicht nur zu Urlaubszeiten als komfortabel.

GERANIEN FÜR ALLE FÄLLE

Die sehr robusten Geranien gehören zu den Pflanzen, die intensiv gegossen und gedüngt werden wollen. Sie vertragen sogar kalkhaltiges Wasser recht gut, aber keine stauende Nässe im Untertopf.
Insbesondere die aufrechten Zonal-Pelargonien, die man an der typischen braunen Zone rund um den Blattansatz erkennt, sollten regelmäßig ausgeputzt werden. Die Hänge- oder Efeu-Geranien *(Pelargonium-Peltatum-*Hybriden) unterscheiden sich insbesondere durch ihre Wuchsform: Bei diesen Sorten hängt das glänzende, fünflappige Laub an bis zu 1 m langen Trieben über den Kastenrand herab.
Insgesamt sind derzeit mehrere hundert Sorten auf dem Markt, überwiegend in leuchtenden Rottönen, darunter auch solche mit gefüllten Blüten oder Kreuzungen aus den beiden genannten Gruppen (Zonalpeltaten). Die etwas weniger bekannten Blatt- und Duft-Geranien sprengen das traditionelle Bild von der langweiligen und allgegenwärtigen Bauerngeranie.

Nutzgarten

RUND UM DIE KRÄUTERBLÜTE

Von den meisten Blattkräutern können Sie nach Bedarf blütenfreie Triebspitzen abernten. Voll erblühte Stöcke schneidet man zurück, damit sie erneut austreiben. Lavendel und Beifuß gewinnt man am besten im knospigen Stadium, Ringelblumen in voller Büte.
Nach der Blüte dürfen Samengewürze wie Dill, Kümmel und Koriander möglichst gut ausreifen. Aber nicht zu lange damit warten, sonst fällt das Erntegut zu Boden und geht verloren!
Petersilie ist normalerweise ein schlechter Keimer. Wenn man die Samen unter sommerlichen Bedingungen ins Frühbeet legt und stets gleichmäßig feucht hält, keimen sie aber sehr zuverlässig.

HOCHSAISON IM GEWÄCHSHAUS

- Selbstverständlich ist in den meist voll besonnten Gemüse- und Kräuterbeeten für stetige Wasserzufuhr zu sorgen.
- Bei sommerlichen Temperaturen sollten Sie Gewächshaus und Frühbeetkästen zudem regelmäßig lüften. Denn ein Hitzestau verursacht Trockenheit, Stress und wachsende Gefahr von Schädlings- und Krankheitsbefall. Im Extremfall ist sogar an eine Schattierung mit Stoffbahnen zu denken, eine gute Alternative ist ein milchiger Anstrich.
- Knipsen Sie an den Tomaten alle Seitentriebe aus den Blattachseln, das fördert die Früchte.
- Ganz im Gegensatz dazu soll bei den Gurken- und Kürbisarten durch Entspitzen ein verzweigtes Wachstum gefördert werden.
- Schlangengurken werden an Schnüren nach oben geleitet. Sobald die Pflanze am Gewächshausdach angelangt ist, kappt man die Triebspitze. Außerdem sollten Sie alle Fruchtstände entfernen, die unterhalb einer Höhe von 80 cm am Stamm ansetzen.

PFLEGETIPPS

- Verabreichen Sie nährstoffbedürftigen Kulturen wie Tomaten, Kürbis oder Kopfkohl noch einmal eine Düngung.
- Im Rhabarber- oder Spargelbeet wird am besten nach der Ernte Kompost flach eingearbeitet.
- Beim Hacken nicht nur Unkraut entfernen, sondern auch den Boden lockern, so wird die Wasserverdunstung unterbrochen. Mulchen zeigt dieselben Vorteile und versorgt den Boden mit organischen Materialien. Gelegentlich ist für Nachschub zu sorgen. Dafür können Sie manchen Gießgang einsparen.
- Wenn Sie vom Brokkoli nur die »Hauptblüte« ernten, können Sie noch mehrmals die nachwachsenden Seitenknospen nachernten.

Durch Ausknipsen der Achseltriebe verhindert man, dass Tomaten viele Seitentriebe und kleine Früchte bilden.

PFLANZUNG UND AUSSAAT

Zahlreiche vorgezogene Spätkulturen werden jetzt gepflanzt, wie Winterkopfsalat, Radicchio und Zuckerhut Kohlrabi, Blumen-, Grün- und Chinakohl, Pak Choy, Wirsing und Frühlingszwiebeln.
Hinzu kommen die Zichoriensalate: Endivie (35 x 40 cm Pflanzabstand), Zuckerhut (30 x 35 cm) und Radicchio (30 x 30 cm). Von letzterem bildet 'Palla Rossa' die schöneren Köpfe, dafür lässt sich der 'Rote Veroneser' bei uns besser überwintern.
Nun beginnt auch die Aussaat von Spätgemüsen wie Feldsalat, Löffelkraut, Winterportulak, Spinat und Wintererbsen. Bei Eis- und Pflücksalat, Buschbohnen, Roten Beten, Möhren und Knollenfenchel hingegen endet die Saatperiode im Juli.

NACH DER ERDBEERERNTE

Es empfiehlt sich, nach Abschluss der Ernte überschüssige Ausläufer zu entfernen. Wenn Sie anschließend etwas Kompost flach einarbeiten, fördert dies den Blütenansatz für die nächste Saison.
Zeigt das Laub massive Krankheitssymptome, lohnt sich ein kompletter Rückschnitt. Allerdings ist darauf zu achten, dass dabei das Herz der Pflanzen nicht beschädigt wird. Durch ausgiebiges Wässern lässt sich der Neuaustrieb fördern.
Behalten Sie zur Vermehrung nur die kräftigsten Ausläufer der am reichsten tragenden Pflanzen. Diese werden später in lockere Erde gepflanzt.

Pak Choy ist eine späte Kohlart aus dem Fernen Osten, die erst jetzt in die Beete gesetzt und immer beliebter wird.

Pfirsichbäume tragen am vorjährigen Holz und müssen jährlich geschnitten werden, damit neues Fruchtholz austreibt.

SÜSSES OBST ERNTEN

- Zahlreiche Strauchbeeren werden reif – sie wollen geerntet und verarbeitet werden.
- Auch Kirschen, Pfirsich und Aprikosen sowie die ersten frühen Äpfel ('Piros', 'Klarapfel') können geerntet werden, unter günstigen Umständen sogar schon Birnen ('Frühe von Trévoux').
- Süßkirschen sind leider auch bei den Vögeln sehr beliebt. Damit für Ihre Ernte etwas übrig bleibt, können Sie ein Netz über die Baumkrone ziehen.
- Renekloden und andere weiche Früchte werden gerne von Wespen angefressen. Als Lockmittel kann man Flaschen mit süßen oder gärenden Säften in die Bäume hängen, um die Insekten abzufangen.
- Wenn Sie rechtzeitig Wellpappegürtel um den Stamm anlegen, können Sie Apfel- und Pflaumenwickler davon abhalten, zu den Früchten vorzudringen. Die Gürtel werden abgenommen und vernichtet, nachdem sich die Wicklerlarven dort zur Verpuppung eingenistet haben.

SOMMERSCHNITT BEI STEIN- UND BEERENOBST

Für manche Baumobst-Arten, zum Beispiel Kirschen sowie Pflaumen, Zwetschgen, Renekloden & Co, bietet der Sommerschnitt Vorteile. Unter anderem soll der sommerliche Stoffwechsel eine raschere Wundheilung gewährleisten. Diese Arten benötigen allerdings keine so scharfen Eingriffe, wie man das vom Winterschnitt an Apfel- und Birnbäumen kennt.
Bei Sauerkirschen der Sorte 'Schattenmorelle' ist es besonders wichtig, abgetragene Zweige jedes Jahr auf kräftige Knospen zurückzuschneiden, damit wieder fruchttragendes einjähriges Holz austreibt. Andernfalls trägt diese Sorte nur noch am Ende ihrer immer länger werdenden Peitschentriebe.
Auch für den Walnussbaum ist nun – sofern die Notwendigkeit besteht – ein günstiger Schnitttermin.

Beerensträucher können wie viele Steinobst-Arten gleich bei der Ernte geschnitten werden. An Stachelbeeren und Schwarzen Johannisbeeren nimmt man dabei die fruchttragenden Äste auf Jungtriebe zurück, um die Bildung einjähriger Neutriebe anzuregen. Bei den Roten Johannisbeeren hingegen schneidet man bevorzugt alte Ruten an der Basis heraus.

Johannisbeeren gehören zu den frühen Obstarten, die jetzt bereits reif und nach der Ernte geschnitten werden.

Kräuter

KEIN GARTEN OHNE KRÄUTER

Noch vor wenigen Jahrzehnten galten Kräuter nur als exotisches Beiwerk im Gemüsebeet, gerade gut genug, um ein paar Lücken zu füllen. Inzwischen wurde der Wert dieser Individualisten erkannt, als begehrte Aromen für unsere Küche oder als Spender gesundheitsförderlicher Wirkstoffe. Unterstützt wurde dieser Trend dadurch, dass unsere Gärten immer kleiner werden und der Nutzgarten eher für einzelne Highlights bereitsteht als zur umfangreichen Nahrungsproduktion.

Hinzu kommt, dass Kräuter unter vielen Umständen gedeihen können. Sicher, etliche Arten kamen vom Mittelmeer oder noch exotischeren Provenienzen zu uns und benötigen daher einen ausgesprochen sonnig-warmen Standort. Erst dann bilden sie ihre Heil- und Aromastoffe in ausreichender Menge und Qualität. Doch dafür sind diese Pflanzen meist durchlässige, eher nährstoffarme Böden gewöhnt, sodass man sich um ihre Düngung kaum zu sorgen braucht.

Man kann ihnen ein ganzes Beet widmen; man kann sie aber auch über den Garten verstreuen. Nur wenige wie der Dill brauchen zur Keimung den offenen Boden eines Beets – er fühlt sich übrigens in Mischkultur mit Gemüse (Gurken, Möhren) besonders wohl. Andere Kräuter sind im Steingarten (z. B. Thymian), im Sumpf (Pfefferminze) oder einfach in der Wiese zu Hause. Und es macht Spaß, wenn auch im unscheinbarsten Garteneck ein solches Kräutlein grünt, das uns mit seinen wertvollen Inhaltsstoffen und Aromen angenehm überrascht.

Mit seinen würzig-aromatischen und heilkräftigen Arten gibt das Kräuterbeet auch ein hübsches Bild ab.

SO WIRD GEERNTET

Bei den Kräutern kommt es nicht auf die Masse an, sondern darauf, was drin ist. Überwiegend sitzen die begehrten Wirkstoffe in den Blättern. Daher können Sie laufend Triebspitzen mit den jüngsten Blättern für den Frischverbrauch ernten, sobald die Pflanze kräftig genug ist. Das hat den zusätzlichen Vorteil, dass sich die Triebe weiter verzweigen.

Um von solchen **Blattkräutern** einen größeren Vorrat anzulegen, ist es am günstigsten, das Laub abzuernten, bevor die Pflanzen jeweils in Blüte gehen. Denn dann wären sie nur noch beschränkt brauchbar. Da mehrere Arten bald nach dem offiziellen Sommerbeginn blühen, hat sich traditionell »Johanni«, der 24. Juni, als Vormerktermin etabliert.

Wurzelkräuter wie Meerrettich hingegen weisen erst dann die höchsten Wertstoffgehalte auf, wenn die Pflanzen in Erwartung des nahen Winters »eingezogen« sind – also ihre über das Jahr gesammelten Speicherstoffe in der überwinternden Wurzel sammeln. Deshalb graben wir solche Arten ab Oktober aus – nach Abschluss der Vegetationssaison, aber bevor der Boden gefrieren kann.

Die meisten Blattkräuter kann man laufend schneiden. Abgeerntet wird, bevor sie in Blüte gehen.

SO LASSEN SICH KRÄUTER KONSERVIEREN

Der Mensch hat sich allerhand einfallen lassen, um die Würz- und Heilkräfte der Kräuter für den eigenen Bedarf und Verbrauch zu einem späteren Zeitpunkt schonend zu konservieren:

- Fein zerkleinert einsalzen (z. B. Petersilie, Majoran),
- einlegen in Öl oder auch Essig (z. B. Zitronenmelisse oder Estragon),
- gefrieren (z. B. Dill, Schnittlauch),
- trocknen (die meisten Kräuter).

In allen Fällen ist es sinnvoll, die gesammelten Pflanzenteile vor der Konservierung angemessen zu zerkleinern. Dann lassen sich selbst Wurzeln trocknen. Zur Beschleunigung kann man das Backrohr auf niedrigste Stufe aufheizen oder einen Dörrapparat verwenden, mit dem sich auch Dörrobst herstellen lässt.

Am schönsten sieht es allerdings aus, wenn Sie jeweils aus mehreren Kräutertrieben ein Büschel zusammenbinden und dieses kopfüber an einer Leine aufhängen. Bei gutem Luftdurchzug trocknen die aromatischen Bündel aus Pfefferminze, Zitronenmelisse oder Oregano rasch; ein Platz in praller Sonne ist allerdings zu vermeiden, damit die Wertstoffe erhalten bleiben.

Die gängigste Methode, um die Heil- und Aromastoffe zu konservieren, ist eine schonende Trocknung.

OREGANO
DILL
ESTRAGON
THYMIA
MINZE

August

Dieser Teil des Sommers kann uns noch recht heiße Tage bringen – und ist doch auch schon mit dem melancholischen Flair des Spätsommers behaftet.

Der August hat noch alle Attribute des Sommers – und zeigt doch für den, der sehen kann, auch schon zahlreiche Vorzeichen des in Kürze bevorstehenden Saisonabschlusses.

Der August muss Hitze haben,
sonst wird des Obstbaums Segen begraben.

Zwar hält sich der August nicht immer an diese Regel, doch meist bietet er stets etliche Tage, an denen man gerne baden geht.

Das Blumenbeet steht immer noch dicht in Blüte. Andererseits stellen einige der typischen Blüher ihre Bemühungen für dieses Jahr bereits ein oder geraten ein wenig aus der ursprünglich so ordentlichen Fasson. Die Blüten, die dafür nachrücken, sind bereits mehr oder weniger deutlich mit dem Flair des Spätsommers behaftet, so die Purpur-Fetthenne *(Sedum telephium)* oder Herbst-Anemonen und einige Rudbeckien.

DER SPÄTSOMMER BEGINNT

Mit der Blüte der heimischen Besenheide *(Calluna vulgaris)* endet der Hochsommer offiziell und geht in den Spätsommer über. Der Volksmund spricht auch vom »Altweibersommer«. Dessen Kennzeichen sind die zarten, in der Sonne glitzernden Fäden, die wie von Geisterhand durch die Luft schweben. Auf ihnen sitzen winzige Spinnen, um sich von dem Baum, auf dem sie gelebt haben, zu einem anderen tragen zu lassen.

Besonders auffällige Neuankömmlinge im spätsommerlichen Garten sind aufgrund ihrer riesigen Blütenbälle die Dahlien, deren Anblick uns noch weit bis in den Herbst hinein begleitet. Zudem beginnt bei einigen frühen Kernobst-Sorten bereits die Ernte. Und auf die ersten knackigen Äpfel im Jahr freuen wir uns immer wieder ganz besonders.

Bedenklich wird es erst, wenn wir eine Beobachtung machen, die bereits unsere Vorfahren in folgenden Reim gefasst haben:

Wenn die Schwalben jetzt schon zieh'n,
sie vor der nahen Kälte flieh'n.

Mit diesem Wissen freuen wir uns umso mehr, die Schwalben bei ihren Jagdflügen noch recht lange beobachten zu können.

Allgemein

HILFE VON PFLANZEN FÜR PFLANZEN

Die Heilkräfte der Natur lassen sich auch zur Stärkung unserer Gartenpflanzen verwenden. Das Ausgangsmaterial für Pflanzenjauchen und andere Präparate wächst meist vor der Tür, und das oft im Überschuss: Brennnessel, Ackerschachtelhalm, Beinwell und all die anderen oft als Unkraut verpönten Pflanzen liefern in flüssiger Form schnellen Nährstoffnachschub und fördern die Abwehrkräfte der Pflanzen gegen allerlei Schadinsekten und Pilzkrankheiten.
Bei der Herstellung unterscheidet man Pflanzenjauchen, -brühen, -tees und Kaltwasserauszüge. Die Flüssigkeit wird entweder direkt auf die Pflanzen gesprüht (Knoblauchtee, Zwiebeltee, Tomatenauszug, Meerrettichbrühe) oder im Wurzelbereich vergossen.

Für das Ansetzen von Pflanzenjauchen wird das Material zerkleinert (hier Ackerschachtelhalm).

Rezepte und ihre Wirkungen

Pflanze	Zubereitung	Zerkleinerte Frischmasse/ Liter	Verdünnung	Wirkung
Ackerschachtelhalm	Brühe (24 h in Wasser einweichen, dann etwa 1/2 h köcheln lassen)	150 g	1 : 5 bis 1 : 10	kräftigend, beugt Pilzkrankheiten vor
Beinwell	Jauche	100 g	1 : 20	Stickstoff, kräftigend
Brennnessel	Jauche (1–4 Wochen in abgedecktem Behälter gären lassen)	100 g	1 : 10 bis 1 : 20	Stickstoffdünger, kräftigend, gegen Blattläuse
Kamillenblüten	Kaltwasserauszug (24 h in Wasser einweichen) oder Tee	50 g / 10–20 g	1 : 5 / unverdünnt	Saatgutbeize, stärkend
Knoblauch	Tee	10 g	1 : 10	vorbeugend gegen Pilzkrankheiten
Meerrettichblätter	Brühe	50 g	unverdünnt	vorbeugend gegen Fruchtfäule (Monilia)
Tomaten	Kaltwasserauszug oder Brühe	50–100 g	1 : 10	stärkt Tomaten, gegen Kohlweißling
Zwiebelschalen	Tee	10 g	unverdünnt	vorbeugend gegen Pilzkrankheiten

Ziergarten

ALGENALARM IM TEICH

Wenn schleimig grüne Fadenalgen und massenhaft Schwebalgen das Wasser und die Freude am Gartenteich trüben, muss schleunigst gehandelt werden. Extremer Algenwuchs stört nicht nur die Optik, sondern auch das ökologische Gleichgewicht und bedroht auf diese Art Pflanzen und Tiere.

Verantwortlich für diese Störung ist meist ein zu hoher Nährstoffgehalt im Wasser. Dafür gibt es vielerlei Ursachen und entsprechend viele Gegenmaßnahmen:

- Eine mühsame, aber effektive »erste Hilfe« ist das Abfischen der lästigen Fadenalgen mit einem Rechen oder Kescher.
- Überschüssiges Fischfutter und Fischexkremente sind eine willkommene Nahrungsquelle für Algen. Übertreiben Sie es aber nicht mit dem Besatz und füttern Sie angepasst, sonst trübt sich das Wasser.
- Abgestorbenes Pflanzenmaterial und in den Teich gefallenes Laub sollten regelmäßig entfernt werden. Achten Sie zudem bei der Rasenpflege peinlichst darauf, dass kein Rasendünger oder Rasenschnitt ins Wasser gelangt.

Fadenalgen lassen sich recht einfach mit dem Rechen abfischen. Besser ist es, ihrer Massenentwicklung vorzubeugen.

- Verwenden Sie möglichst nährstoffarme Pflanzerde. Auf zusätzlichen Dünger kann man bei Wasserpflanzen gänzlich verzichten.
- In sonniger Lage und warmem Wasser gedeihen Algen »prächtig«. Sorgen Sie mit hohen Gräsern und Gehölzen am Ufer sowie Seerosen und anderen Schwimmpflanzen für eine gute Beschattung der Wasseroberfläche. Bedenken Sie bei der Neuanlage: Je kleiner und flacher der Teich, desto anfälliger ist er für Algen.
- Bestimmte Schwimmpflanzen wie Wasserhyazinthe, Wassernuss und einheimischer Froschbiss sowie Unterwasserpflanzen wie Horn- und Laichkraut oder Wasserhahnenfuß sind wertvolle Sauerstoffproduzenten und trotzen den Algen Nährstoffe ab.
- Algen lieben kalkhaltiges Wasser. Vermeiden Sie einen Kalkeintrag durch hartes Füllwasser, Kalksteine oder ungewaschenen Kies. Am besten speist man den Teich mit weichem Regenwasser. Zum »Säuern« des Teichwassers kann man ein mit Torf gefülltes Jutesäckchen ins Wasser hängen oder spezielle Huminsäure-Präparate aus dem Fachhandel verwenden.
- Als technische Möglichkeit zur Klärung des Wassers stehen auch leistungsfähige Filtersysteme zur Verfügung, natürlich eine Kostenfrage.

Was sonst noch zu tun ist

- Robuste Sommerblumen können schon jetzt fürs nächste Jahr direkt ins Beet gesät werden.
- Im Juni oder Juli ausgesäte Zweijährige müssen vorsichtig pikiert werden.
- Einen Blumenstrauß schneidet man am besten in den kühlen Morgenstunden; Trockenblumen werden kurz vor ihrem Blühhöhepunkt geerntet.
- Bei anhaltender Hitze lässt man den Zierrasen etwas länger wachsen.
- Blumenwiesen werden zum zweiten Mal gemäht.

Balkon & Terrasse

HERBSTBEPFLANZUNG ANLEGEN

Um die Balkonbepflanzung abzuräumen, ist es eigentlich noch zu früh. Eine Vielzahl von attraktiven Arten, die erst zum Ende der Saison so richtig aufblühen, lässt es dennoch sinnvoll erscheinen, dass man Platz für eine Herbstbepflanzung schafft. Die wenigen Herbstblüher werden dabei ideal ergänzt durch zahlreiche winterharte Blattstauden sowie Gräser, deren Farben und Figuren zu einem stimmungsvollen Bild beitragen.

Das klassische Herbstbild wird geprägt durch die Blüten von Chrysanthemen, Besenheide *(Calluna)* und Alpenveilchen. Neu in das Sortiment aufgenommen wurden Silberrand-Chrysantheme *(Ajanja),* Kissenastern, Fetthenne *(Sedum telephium)* und Bleiwurz *(Ceratostigma).* Das Drumherum ist noch wesentlich abwechslungsreicher; es genügt aber, nur die wichtigsten Beispiele zu nennen, vom immergrünen Efeu in blattbunten Varianten über verschieden gefärbte Sorten von Taubnessel, Günsel *(Ajuga)* oder Purpurglöckchen *(Heuchera),* einige Arten mit edlem silbergrauem Laub, wintergrüne Farne sowie Gräser der Gattungen *Carex* oder *Pennisetum* bis hin zu verschiedenen Wolfsmilch-Arten *(Euphorbia),* herbstgefärbten Bergenien- oder auch Salbei-Sorten.

Je früher eine solche Pflanzung angelegt wird, desto besser können sich die Pflanzen noch entwickeln und desto größer ist die Chance, dass sie den Winter überleben und danach weiter genutzt werden können.

Der Herbst bietet eine ganze Menge an Spätblühern und Strukturpflanzen mit eigenem Farbspektrum und Charme.

Nutzgarten

WAS SONST NOCH ZU TUN IST

Jetzt ist ein günstiger Termin, um von den mehrjährigen Balkon- und Kübelpflanzen Stecklinge zu nehmen.
Dazu schneidet man blütenlose Triebspitzen oder Mitteltriebe und steckt sie zum Bewurzeln in ein Sand-Torf-Gemisch. So lassen sie sich gleichzeitig vermehren und platzsparend überwintern.
Die Pflanzungen sind nach Bedarf zu gießen, verwelkte und kranke Pflanzenteile müssen in regelmäßigen Abständen ausgeputzt werden.
Eine späte Düngung beeinträchtigt das Ausreifen der Pflanzen vor dem Winter und erhöht somit die Gefahr von Ausfällen. Deshalb sollten Sie nur noch Pflanzen düngen, die vor dem Winter abgeräumt werden.
Zweijahrsblüher für das Frühjahr wie Stiefmütterchen oder Maßliebchen können noch rasch ausgesät werden.

ZIELTERMIN FÜR DIE AUSSAAT: MONATSMITTE

Wenn Sie Wert darauf legen, dass verschiedene Spätgemüse noch in diesem Herbst geerntet werden, dann sollte die Aussaat noch in der ersten Monatshälfte erfolgen. Dies gilt beispielsweise für Winter-Kopfsalat, Winter-Zwiebeln und Winter-Rettich, Radieschen, Endivien, Radicchio und Winterportulak sowie Löffelkraut, Spinat und Feldsalat.
Achten Sie darauf, dass Feldsalat nicht mehr als 1 cm tief gesät wird. Die Sorten 'Vit' und 'Gala' haben sich wegen ihrer Mehltautoleranz für den Anbau im Gewächshaus besonders bewährt.
Auch Chinakohl, Pak Choy und Winter-Wirsing können noch rasch vorgezogen und im Schutz von Folie, Frühbeet oder Gewächshaus zur Ernte gebracht werden.
Für den Anbau von spätem Kohlrabi sollte das Gewächshaus nach Möglichkeit beheizbar sein.
Wenn Sie jetzt Frühlingszwiebeln säen, können diese bereits ab April geerntet werden.

BODEN VERBESSERN UND WÄSSERN

Auf abgeernteten Flächen können Sie zur Bodenverbesserung einen Gründünger einsäen. Am meisten hat man zu diesem Termin von Winterwicke und Winterraps, weil beide frosthart sind.
Nährstoffbedürftige Kulturen wie Tomaten, Gurken, Lauch, Kopfkohl und Sellerie müssen bei Bedarf rasch noch einmal gedüngt werden.
Wenn es heiß ist, sollten Sie für regelmäßige Bewässerung sorgen – insbesondere natürlich im Gewächshaus. Andernfalls können zum Beispiel Möhren platzen oder Gurken bitter werden.

GEMÜSE SETZEN

Schneller geht es natürlich, wenn Sie bereits vorgezogene Pflänzchen der genannten Gemüsearten ins Beet setzen. Dies lohnt sich auch noch mit Kohlrabi, Blumen- und Grünkohl, Zuckerhut, Fenchel und Winterlauch. Selbstbleichende Sorten wie 'Bubikopf 2', 'Diva' oder 'Wallone Frisée' sollten zu diesem Zweck ausreichend eng gesetzt werden (ca. 25 x 30 cm).

Wenn das Laub von selbst »einzieht«, bleiben die Zwiebeln länger haltbar.

Reifkompost unterstützt das Anwachsen frisch gesetzter Erdbeerpflanzen.

ERDBEEREN PFLANZEN

Zugekaufte Erdbeer-Jungpflanzen oder vorbereitete Ausläufer möglichst noch in der ersten Monatshälfte pflanzen, damit sie gut einwurzeln. Dies wird durch das Verteilen von Reifkompost unterstützt. Auch die Abdeckung mit schwarzer Folie oder einer organischen Mulchschicht ist von Vorteil.
Wenn Sie jetzt Knoblauch stecken, können Sie schon im nächsten Frühsommer Knollen ernten. Zwischen den Erdbeer-Reihen beugt er Pilzkrankheiten vor.

GEMÜSETIPPS

- In diesen Wochen können Sie im Garten zahlreiche Teekräuter ernten, wie Melisse, Salbei oder Pfefferminze (nicht blühende Triebe) sowie Waldmeister und Kamille (blühende).
- Manche Ratgeber empfehlen, durch Umtreten der Schalotten die Erntereife der Zwiebeln zu beschleunigen. Bei diesem Trick leidet allerdings die Lagerfähigkeit der Zwiebeln, weshalb wir empfehlen, so lange abzuwarten, bis das Laub von selbst einzieht.
- Die Larve der Lauchmotte frisst unappetitliche Gänge in die Schäfte. Bei drohendem Befall kann man vorbeugend ein Pflanzenschutznetz über das Beet ziehen. Auch das Überbrausen mit Wermut-Tee kann die schädlichen Falter fernhalten.

Ein Pflanzenschutznetz über dem Beet hält die Lauchmotte von den Pflanzen fern, an denen ihre Larven nagen.

- Nach wie vor bei Tomaten Achseltriebe ausgeizen, und kranke Blätter entfernen. Ab der zweiten Monatshälfte sollten Sie überdies alle neu angesetzten Blütentrauben entfernen: Sie würden eh kaum noch ausreifen und zudem die Reifung der älteren Früchte deutlich behindern.

REIFES OBST

Erntezeit für zahlreiche Obstarten! Unter anderem werden nun die frühen Birnen und Äpfel wie 'Piros' oder 'Retina' reif. Für diese Sorten, die zum Frischverzehr geeignet sind, gilt die Regel: Im eigenen Garten sollte man die Früchte möglichst lange am Baum hängen lassen. Dadurch können sie vollständig ausreifen und dabei alle Wertstoffe und ihr vollständiges Aroma entwickeln. Aber zu lange ist auch nicht gut, denn Fallobst muss rasch verarbeitet werden.
Madige Früchte sind aus dem Baum zu entfernen und zu vernichten, sonst verbreiten sich die Schädlinge erneut. Wenn die Früchte allerdings einige Tage in einem Eimer Wasser gelegen sind, kann man sie schadlos auf den Kompost geben.

PFLEGE IM OBSTGARTEN

Noch kann der Sommerschnitt bei Beerensträuchern und Steinobst-Arten fortgeführt werden.
Eine Düngung ist durchaus noch sinnvoll, sie sollte möglichst rasch auf der Wurzelscheibe eingearbeitet werden. Wenn Sie Kompost verwenden, drängt der Termin weniger, weil Kompost seine Nährstoffe nicht so rasch freigibt und somit die Winterhärte des Holzes nicht mehr beeinträchtigen kann.
Nach einer Düngergabe können Sie auf der Wurzelscheibe auch noch rasch einen (winterharten) Gründünger einsäen. Bei Himbeeren und Brombeeren empfiehlt es sich, für eine kräftige Mulchdecke zu sorgen.

Obstanbau im eigenen Garten

FRÜCHTE FÜR JEDEN STANDORT UND GESCHMACK

Die Ernte unserer heimischen Obstarten beginnt mit den etwas aus der Art schlagenden Erdbeeren, die genau genommen mehr im Gemüsebeet zu Hause sind, setzt sich fort über die verschiedenen Beerensträucher und Steinobst-Sorten bis hin zum Kernobst, den Nüssen und einigen Wildobst-Arten. Weil mit dem Spätsommer bei den meisten Obstbäumen die Ernte und zeitgleich die Pflanzzeit für laubabwerfende Gehölze beginnt, nehmen Obstgehölze in dieser Phase des Gartenjahres eine zentrale Rolle ein.

In der Regel muss man sich aufgrund der Gartengröße auf die eine oder andere Obstart beschränken. Dabei kommt uns zugute, dass sich bei den meisten gängigen Obstbäumen kleinere Wuchsformen auf schwachwüchsigen Unterlagen bewährt haben.

Bei der Auswahl für eine Neupflanzung wird das Augenmerk automatisch auf die bevorzugten Eigenschaften wie Farbe, Größe oder Geschmack und die beabsichtige Verwendung der Früchte fallen. Darüber hinaus sollten Sie nicht vergessen, die Standortverhältnisse wie Boden, Klima und den verfügbaren Platz zu berücksichtigen, damit der Anbau ohne übermäßigen Aufwand und Einsatz von Pflanzenschutzmitteln den gewünschten Erfolg bringt. Die Züchtung hat mittlerweile zahlreiche resistente oder tolerante Sorten entwickelt, die uns in diesem Bemühen unterstützen.

Schließlich sei noch darauf hingewiesen, dass die meisten unserer Obstgehölze zur Familie der Rosengewächse (Rosaceae) gehören. Und weil auch im Obstgarten das Prinzip des Fruchtwechsels gilt, sollte am selben Standort nicht eine Obstart auf die nächste folgen; zumindest nicht ohne nachhaltige und tiefgreifende Maßnahmen zur Bodenverbesserung.

ÄPFEL UND BIRNEN

Apfelbäume brauchen einen tiefgründigen, humosen Boden mit guter Wasserversorgung. Vorteilhaft wirken Kompostgaben bereits bei der Pflanzung.

Greifen Sie in der Baumschule nur zu einem Hochstamm, wenn Ihr Garten genug Platz bietet und Sie die Erntefülle auch verwerten können. Mit den bewährten Wurzelunterlagen M 9 und M 26 lassen sich Spindelbüsche und Obsthecken formen, sodass man auch im kleinsten Garten Äpfel ernten kann.

Bei den Fruchtsorten sind Herbst- und Lageräpfel grundsätzlich zu unterscheiden. Der modernen Züchtung ist es dankenswerterweise gelungen, das Aroma alter Sorten mit neuen Resistenzeigenschaften zu verbinden, zum Beispiel bei 'Topaz', 'Rewena', 'Resi' und 'Reanda'.

Birnen benötigen etwas mehr Wärme als Apfelbäume. Sie reagieren empfindlich auf nasse, verdichtete Böden. In rauen Lagen reifen die Früchte nur als Spalier an einer Südwand. Lagerfähig sind sie meist nur über wenige Wochen. Wie beim Apfel ist ein regelmäßiger Erziehungs- und ein Auslichtungsschnitt erforderlich.

Nahe verwandt: Quitte, Nashi-Birne.

Bei der Wahl einer Apfelsorte sollte man Sorten den Vorzug geben, die dem Standort angepasst und resistent sind.

KIRSCHEN UND SAUERKIRSCHEN

Während sich Sauerkirschen bevorzugt für die Verarbeitung anbieten, z. B. als Kuchenbelag oder Konfitüre, pflückt man ihre süßen Schwestern am liebsten vom Baum und steckt sie frisch in den Mund. Wer das gerne tut, sollte unbedingt einen Kirschbaum pflanzen, denn vom Markt ist es weniger lustvoll und wesentlich teurer. Allerdings ist die Ernte bei Süßkirschen meist etwas mühselig, denn es gibt erst seit wenigen Jahren einigermaßen klein bleibende Unterlagen wie 'Weiroot' oder 'GiSelA', während Sauerkirschen bereits schon lange auch in Form von Buschbäumchen erhältlich sind.
Vor allem Süßkirschen wollen einen tiefgründigen, nicht zu nassen oder kalten Boden, um gesund zu gedeihen. Im Gegensatz zum Kernobst muss und sollte man die Bäume kaum schneiden, und wenn, dann tut man das bevorzugt im Sommer nach der Ernte. Bei manchen Sauerkirschen-Sorten allerdings (z. B. 'Schattenmorelle') ist es nötig, regelmäßig abgetragene Zweige auf junge Seitenknospen abzuleiten.
Süßkirschen sind größtenteils auf fremdbefruchtende Sorten angewiesen, Sauerkirschen sind zumindest teilweise selbstfruchtbar.

PFLAUMEN & CO.

Pflaumen, Zwetschgen, Mirabellen und Renekloden gehören zu einer Art und zeigen sich auch in den Ansprüchen relativ einheitlich. Die relativ kleinen Bäume kommen mit jedem nicht zu trockenen Gartenboden zurecht, und je mehr Sonne sie bekommen, desto süßer werden die saftigen Früchte. Schwachwüchsige Unterlagen sind verbreitet, doch die erlauben nicht so kleine Baumformen wie bei Apfel oder Birne.
Pflaumen-Früchte sind in der Regel etwas größer als Zwetschgen und weisen eine Naht auf, ähnlich wie der Pfirsich. Renekloden unterscheiden sich vor allem durch ihre gelbgrüne Fruchtfarbe. Mirabellen wiederum bleiben ein wenig kleiner, werden mehr goldgelb und noch etwas süßer. Geerntet wird je nach Sorte zwischen Juli und September.
Die beliebte 'Hauszwetsche' bringt als selbstfruchtbare Sorte auch alleinstehend reichlich Ertrag. Für alle anderen Sorten ist es aufgrund der etwas unübersichtlichen Befruchtungsverhältnisse in jedem Fall vorteilhaft, wenn in der Umgebung mehrere unterschiedliche Sorten stehen.
Nahe verwandt: Pfirsich und Aprikose.

Birnen (siehe Vorseite) sind sowohl hinsichtlich Boden als auch Temperatur etwas anspruchsvoller als Äpfel.

Pflaumen wie 'Czar' sind in der Regel etwas größer als Zwetschgen. Sie müssen meist fremdbefruchtet werden.

JOHANNISBEEREN, STACHELBEEREN UND JOSTA

Johannisbeeren, Stachelbeeren und Josta sind recht anspruchslos und brauchen auch verhältnismäßig wenig Platz, selten mehr als einen Quadratmeter. Lediglich die Kreuzung Josta – aus Schwarzen **Jo**hannis- und **Sta**chelbeeren – wächst relativ raumgreifend. Natürlich entwickeln sich an nährstoffreichem, luftigem und sonnigem Standort mehr gesunde und süße Früchte als unter schlechteren Bedingungen. Alle drei genannten Arten kann man auch dekorativ als Hochstämmchen ziehen und entlang einem Weg oder sogar im Zentrum eines Bauerngärtchens platzieren.

Rote Johannisbeeren sind Massenträger und eignen sich mit ihrer Fruchtsäure am besten zum Verarbeiten. Schwarze Johannisbeeren heben sich durch ihr Aroma und gesundheitliche Wertstoffe hervor; von ihnen sind nicht alle Sorten selbstfruchtbar, ebenso wie von den Stachelbeeren, die die süßesten Früchte liefern. Josta ist dennoch selbstfruchtbar.

Pflegeaufwand erfordern bei diesen Sträuchern vor allem das regelmäßige Ausschneiden abgetragener Triebe sowie das Mulchen.

Als ursprüngliche Waldbewohner bevorzugen die süßen Himbeeren einen gemulchten humosen Boden.

HIMBEEREN UND BROMBEEREN

Beide Sträucher brauchen humosen Boden, der ständig gemulcht sein darf, und beide werden am besten in Reihen an einem Drahtspalier gezogen. Bei den Himbeeren gibt es Sommer-, Herbst- und sogar zweimaltragende Sorten; bei den Brombeeren sind stachellose Neuzüchtungen zu erwähnen. Bei beiden Kulturen nimmt man jährlich die kranken bzw. abgetragenen Ruten heraus und bindet die neuen jeweils wieder ans Spalier.

HEIDEL- UND PREISELBEEREN

Diese beiden Strauchbeeren-Arten unterscheiden sich von den anderen durch ihre Vorliebe für leicht feuchte und saure Böden, die dennoch durchlässig sein sollten. Garten-Heidelbeeren bilden bis zu 2 m hohe Sträucher, die recht robust wachsen, solange der Wurzelbereich gut gemulcht und bei Bedarf mit kalkfreiem Wasser versorgt wird. Preiselbeeren dagegen bleiben bodennahe, bis zu 30 cm niedrige Büsche.

SPALIEROBST

Das Spalier ist nicht nur eine besonders platzsparende Anbauform: Die derartige Nutzung einer wärmespeichernden Wand ermöglicht oft erst den Anbau anspruchsvoller Obstarten. Aprikose und Pfirsich, Birne, Wein und Kiwi tragen auf diese Weise auch in kühlen Lagen Früchte in nennenswerter Zahl. Am besten gelingt dies natürlich in Südlagen, aber auch Ost- oder Westwände eignen sich in der Regel. Für Sauerkirschen sind dies sogar die bevorzugten Spalier-Standorte.

Dazu ist – mit Ausnahme der standfesten Birnbäume – ein entsprechendes Gerüst erforderlich. Es gibt vorgefertigte Konstruktionen im Fachhandel, man kann sie aber auch aus Spanndrähten, Holz- oder Metallleisten ohne viel Aufwand selbst errichten.

September

Der manchmal leicht ungemütliche Übergangsmonat lässt uns noch Hoffnungen auf einen Rest von Sommer, droht aber auch schon mit den ersten Nachtfrösten.

In diesem Monat findet der Übergang vom Spätsommer zum Frühherbst statt, und entsprechend hält er meist die Ingredienzen beider Jahreszeiten bereit.

Wunderschöne, sommerartig warme Tage wechseln sich ab mit Schmuddelwetter. Dabei kann es auch schon empfindlich kühl werden; in wolkenlosen Nächten kommt es sogar zu ersten Frösten. Deshalb sind wir Gärtner gut beraten, die Wettervorhersagen genau zu verfolgen und die frostempfindlichsten Pflänzchen von vornherein wieder in einen frostsicheren oder gar beheizten Raum zu bringen.

Die Erfahrungen mit der wechselhaften Witterung bei gleichzeitiger Hoffnung auf einen Rest von Sommer, der der Fruchtsüße zugutekommt, fasst folgender Vers zusammen:

Einer Traube und einer Geiß
wird's im September selten zu heiß.

VERÄNDERTES GARTENBILD

In den Blumenbeeten übernehmen die Dahlien nun endgültig das Kommando. Auch die Blüten der Kissen-Astern und der hohen Herbst-Astern öffnen sich und werden an sonnigen Tagen nochmals von unzähligen Bienen und Schmetterlingen umschwärmt. Als botanisches Signal für den Einzug des Frühherbstes gilt jedoch die Blüte der Herbstzeitlose.

Kalendarisch beginnt der Herbst am 22. oder 23. September. Gemeinsam mit dem Frühlingsbeginn kennzeichnet dieser Tag auch eine Tagundnachtgleiche, also ein Datum, an dem es genauso lang taghell wie dunkle Nacht ist.

An den Bäumen reifen Wildobst-Arten wie die »Vogelbeeren« der Ebereschen sowie zahlreiche Herbstapfel- und frühe Birnen-Sorten. Da diese sich kaum lagern lassen, schließt sich an die Ernte auch bald die Verarbeitung dieser Früchte an. Auch die ersten Kürbisse sind ausgereift und drängen sich auf unseren Speiseplan.

Während also die Erntearbeiten in vollem Gang sind, sollten die letzten in Frage kommenden Saaten im Freiland möglichst rasch abgeschlossen werden, wie eine Bauernweisheit kurz und bündig formuliert:

Tritt Matthäus (21.9.) ein,
muss die Saat beendet sein.

Allgemein

GEHÖLZE PFLANZEN

Die meisten Gartengehölze werden mittlerweile in Kübeln angeboten. **Containergehölze** zeichnen sich durch einen gut durchwurzelten Ballen aus und können – außer in Frostperioden – rund ums Jahr gepflanzt werden. Die klassischen Angebotsformen – **Ballenware** und **wurzelnackte Gehölze** – sind etwas kostengünstiger als Containerware, ihre Saison beschränkt sich aber auf den Herbst oder das Frühjahr. Wichtig ist, dass diese Formen möglichst rasch nach dem Kauf wieder in ihr Element kommen. Ist dies nicht möglich, sind sie baldmöglichst in Erde einzuschlagen. Bei Containerkulturen eilt es nicht mit der Pflanzung – sie können vorübergehend wie eine Kübelpflanze behandelt werden.

PFLANZVORBEREITUNG

Unmittelbar bevor Gehölze in die Erde kommen, nehmen sie gerne ein **Wasserbad.** Ballen- und Containerpflanzen genügt kurzes Tauchen, bis keine Luftblasen mehr aufsteigen. Wurzelnackte sollten mindestens eine Stunde bis eine ganze Nacht im Wasserbehälter verbringen. Sehr zu empfehlen ist auch ein Lehmbrei, mit dem man die nackten Wurzeln kurz vor der Pflanzung gründlich einschlämmt.

Die **Pflanzgrube** sollte bei Gehölzen mindestens eineinhalbmal so tief und breit sein wie der Wurzelballen. Den oftmals kargen Unterboden und die Ränder lockert man gut auf und mischt etwas Kompost ein. Das ist besonders bei Gehölzen notwendig, die bisher in idealer Containererde wurzeln durften. Wenn sie in ein verfestigtes Loch gesetzt werden, spüren die Wurzeln keine Veranlassung, ihrem Ballensubstrat zu entwachsen. Sie verankern sich nicht in der Gartenerde und kümmern mit der Zeit. Die Einwurzlung von Containerpflanzen lässt sich auch fördern, indem man den Wurzelfilz im Randbereich vorsichtig aufreißt. Einen Wurzel- oder Pflanzschnitt benötigen nur ballenlose Gehölze, zum Beispiel wurzelnackte Rosen (siehe S. 128).

Die gut gewässerten Wurzeln setzt man in die vorbereitete Grube; die Veredelungsstelle bleibt oberhalb des Bodens.

Die aufgefüllte Erde muss kräftig angetreten werden, damit die Wurzeln einen guten Bodenschluss erhalten.

PFLANZEN SETZEN

Ballenware wird samt Verpackung gepflanzt. Beim Entfernen des Jutetuchs könnten Feinwurzeln abreißen oder der Erdballen auseinanderbrechen. Öffnen Sie lediglich den dicken Knoten, mit dem das Tuch verbunden wurde. Auch der Maschendraht, der bei der Ballierung größerer Gehölze als zusätzliche Stabilisierung verwendet wird, kommt mit in die Erde und wird nur oberseits aufgekniffen. Das Tuch verrottet innerhalb kurzer Zeit, der Draht verrostet und schadet der Pflanze nicht.
Die Gehölze sollten so tief gesetzt werden, wie sie im Container beziehungsweise in der Baumschule standen. Dies erkennt man an der Verfärbung am Stamm. Das Pflanzloch wird mit der zuvor ausgehobenen Erde verfüllt und gut angetreten. Achten Sie dabei auf einen senkrechten Stand! Um den Pflanzen den Start zu erleichtern, kann man den Aushub zuvor mit reifem Kompost oder einer Handvoll Hornspäne mischen.

Bäume, hohe Sträucher und Obstgehölze auf schwachwüchsigen Unterlagen sollten je nach Größe mit einem oder mehreren **Stützpfählen** stabilisiert werden. Bei wurzelnackten Bäumen schlägt man den Pfahl schon vor der Pflanzung ein, um die Wurzeln nicht zu verletzen. Ein Kokosstrick fixiert den Stamm am Pfahl ohne zu scheuern.

GIESSEN NICHT VERGESSEN!

Mit der überschüssigen Pflanzerde häuft man einen kleinen Erdwall rund um Stamm und Wurzelbereich auf, um zu verhindern, dass das Gießwasser ungenutzt von dannen läuft. Die frisch gepflanzten Gehölze müssen nämlich selbst bei Regenwetter durchdringend eingeschlämmt werden, damit sich die Erde im Wurzelbereich gut setzen kann.

Dann bindet man den Stamm scheuersicher an den Stützpfahl. Bei nackten Wurzeln vor der Pflanzung einschlagen!

Abschließend bildet man um den Stamm eine Mulde und gießt kräftig, damit die Wurzeln gut eingeschlämmt werden.

Ziergarten

HERBSTZEIT – PFLANZZEIT

Die meisten Gartenpflanzen werden heutzutage im Topf oder Container angeboten und sind die ganze Saison über pflanzbar, zumindest an frostfreien Tagen. Trotzdem schwören erfahrene Pflanzenfreunde auf die Vorteile einer späten Pflanzung im Herbst.

Ab September finden die Pflanzen optimale Anwachsbedingungen vor. Der Sommer hat den Boden erwärmt, und zunehmende Niederschläge halten ihn ausreichend feucht. Während oberirdisches Grün das Wachstum allmählich einstellt, arbeiten die Wurzeln winterharter Gehölze und Stauden weiter und bilden bis zum ersten Bodenfrost viele neue Feinwurzeln. Die Pflanzen starten gut eingewachsen in die nächste Saison und sind bestens gewappnet gegen frühjährliche Trockenperioden.

CLEMATIS PFLANZEN

Auch für kälteempfindliche Waldreben ist der September eine günstige Pflanzzeit. Sie wünschen einen sehr locker-humosen, nährstoffreichen und stets leicht feuchten, aber niemals staunassen Boden. Bei der Pflanzung an Wänden und Mauern ist darauf zu achten, dass der Wurzelbereich nicht in deren Trockenzone liegt. Waldreben werden tief gesetzt! Der Wurzelhals darf etwa 10 cm unter der Erdoberfläche liegen.

Die Ranker strecken ihren Kopf gerne in die Sonne, ihr Fuß will aber beschattet sein, zum Beispiel durch eine Vorpflanzung. Sehr zu empfehlen ist auch eine dicke Mulchdecke, die vor Temperaturschwankungen und Austrocknung schützt.

Was sonst noch zu tun ist

- Der September ist Pflanzzeit für frühjahrsblühende Zwiebeln! Besonders die Vorfrühlingsblüher wollen jetzt schon in die Erde kommen.
- Vorgezogene Zweijährige können jetzt im Garten ausgepflanzt werden.
- Fischen Sie regelmäßig das hineinfallende Laub aus dem Teich; wuchernde Teichpflanzen können ausgedünnt und geteilt werden.
- Auch Rasen oder Blumenwiese lassen sich jetzt noch anlegen.

Vor der Pflanzung kann man die geplante Beetaufteilung durch z. B. ausgestreuten Kalk sichtbar machen.

Zwiebelblumen

BLÜTEN FÜR FRÜHJAHR UND SOMMER

Ein Frühling ohne Krokusse, Narzissen und Tulpen ist undenkbar. Aber auch im Sommer und Herbst setzen Zwiebel- und Knollenpflanzen farbenfrohe Akzente. Prachtvolle Schmuckformen von Tulpen, Lilien, Dahlien oder Gladiolen fühlen sich im gut vorbereiteten Beet am wohlsten. Dort dürfen sie den Ton angeben oder dank ihrer Fülle an Farbvariationen fein abgestimmte Partnerschaften mit den Prachtstauden eingehen. Setzen sie Frühjahrsblüher in die zweite Beetreihe, damit ihr einziehendes Laub nach der Blüte von anderen Stauden verdeckt wird.

Kleinere Zwiebelblüher und Wildarten wirken am eindrucksvollsten, wenn sie ihre zierlichen Einzelblüten in Massen präsentieren. Zu ihnen zählen Krokusse, Blausternchen oder Schneeglöckchen. In naturnahen Bereichen, etwa unter Laubbäumen, an Hecken oder auf Rasen und Wiesen, finden sie passende Bedingungen, um durch Aussamen oder Brutzwiebeln größere Kolonien zu bilden.

Größere Kolonien von Tulpen und Narzissen (rechts) können das Bild manches Frühlingsgartens prägen.

ZWIEBELN UND KNOLLEN SETZEN

Die Hauptpflanzzeit der Frühjahrsblüher erstreckt sich von August bis November. Dahlien und andere nicht winterharte Sommerblüher hingegen pflanzt man im späten Frühjahr, und Herbstblüher kommen von Juli bis August in die Erde.

Die meisten Arten reagieren empfindlich auf Staunässe und wünschen einen lockeren Boden mit gutem Wasserabzug. Bei sehr schweren Böden sollten Sie das Pflanzloch daher mit etwas Sand auflockern. Manche Zierlauch-Arten, Wildtulpen oder die Steppenkerze sind besonders nässeempfindlich und kommen deshalb im gut drainierten Steingarten oder Steppenbeet am besten zurecht.

Die Pflanztiefe hängt vor allem von der Größe der Zwiebel ab. Als Faustregel gilt: Die Unterseite der Zwiebel oder Knolle wird etwa zwei- bis dreimal so tief gesetzt, wie ihr Durchmesser beträgt. Bei schweren Böden pflanzt man etwas flacher als bei sandig-leichten.

DÜNGUNG

Die meisten Zwiebelpflanzen sind dankbar für eine Kompostgabe bei der Pflanzung. Üppige Blüher wie Narzissen oder Tulpen vertragen auch mal etwas mineralischen Zusatzdünger, vor allem wenn sie mit den Jahren blühfaul geworden sind. Geben Sie einen Teil zum Blattaustrieb im Frühjahr und einen im Spätsommer, wenn sich die neuen Wurzeln bilden.

Je größer die Zwiebel, desto tiefer wird sie gesetzt; nach einer Faustregel zwei- bis dreimal so tief wie ihr Umfang.

WEITERE PFLEGEMASSNAHMEN

- An Wasser mangelt es den Pflanzen und ihren Speicherorganen selten. Die Gießkanne braucht deshalb bei Zwiebelblumen nur in anhaltenden Trockenperioden oder bei den opulenten Sommerblühern zum Einsatz zu kommen.
- Die Blätter sind bei Zwiebelblumen erst zu entfernen, wenn sie vollständig eingezogen und vergilbt sind. Welke Blütenstände kosten hingegen Kraft und sollten zeitig ausgeschnitten werden – es sei denn, man will die Versamung von Wildzwiebeln fördern.
- In schweren Böden und feuchten Sommern können empfindliche Gartentulpen leicht faulen. Um dies zu verhindern, gräbt man sie aus, sobald das Laub eingezogen ist, und lagert sie erst einmal luftig und trocken. Im Herbst dürfen sie dann an neuer Stelle wieder in die Erde gelegt werden.

Gefräßige Wühl- und andere Mäuse hält man auf Abstand, indem man die Zwiebeln in speziellen Drahtkörben versenkt.

Die schönsten Zwiebelblumen

Art	Wuchshöhe (cm)	Blüte
Iran-Lauch (*Allium aflatuense*)	70–100 cm	5–6
Hohler Lärchensporn (*Corydalis cava*)	15–30 cm	4–5
Krokus (*Crocus*-Arten/Sorten)	5–15 cm	2–4
Herbst-Krokus (*Crocus speciosus*)	10–15 cm	9–11
Efeublättriges Alpenveilchen (*Cyclamen hederifolium*)	10 cm	9–10
Dahlie (*Dahlia*-Hybriden)	30–150 cm	7–10
Winterling (*Eranthis hyemalis*)	10 cm	2–3
Schachbrettblume (*Fritillaria meleagris*)	20–30 cm	4–5
Schneeglöckchen (*Galanthus nivalis*)	10–15 cm	2–5
Gladiole (*Gladiolus*-Hybriden)	50–130 cm	6–9
Traubenhyazinthe (*Muscari armeniacum*)	15–25 cm	4–5
Narzissen (*Narcissus*-Gruppen)	20–50 cm	3–5
Blaustern (*Scilla siberica*)	10–15 cm	2–4
Tulpen (*Tulipa*-Hybriden)	10–60 cm	3–5

Balkon & Terrasse

BEGINN DES EINRÄUMENS

Die schönsten Spätsommertage können nicht darüber hinwegtäuschen, dass es bereits wieder vereinzelte kalte oder gar frostige Nächte gibt. Achten Sie auf entsprechende Vorwarnungen, um die empfindlichsten Pflanzen rechtzeitig einzuräumen.
So vertragen zum Beispiel Knollenbegonien, Bougainville, Citrus-Arten, Kerzenstrauch *(Senna)* und Roseneibisch *(Hibiscus)* keinerlei Fröste. Über die Frostempfindlichkeit seltener Arten sollten Sie sich in einem Gartenfachbetrieb erkundigen.
Damit geht natürlich auch der Freilandaufenthalt aller frostempfindlichen Zimmerpflanzen zu Ende, wie Agaven, Orchideen oder der meisten Kakteen.
Auch Geranien frieren rasch zurück, doch gehen sie meist nicht gleich komplett ein und treiben dann im nächsten Jahr wieder aus.

NEUE SAISONBEPFLANZUNG

Eine abgeblühte sommerliche Saisonbepflanzung kann durch eine nicht so blütenreiche, dafür unempfindlichere und stimmungsvollere Herbst- oder gar schon Winterbepflanzung ersetzt werden (siehe S. 104 und 128).

ZWIEBELPFLANZEN FÜR DAS NÄCHSTE FRÜHJAHR

Wer noch weiter voraus denkt, der kann Blumenzwiebeln so vorbereiten, das sie im nächsten Frühjahr zeitig ihre bunten Signale setzen.
Dazu braucht man vor allem ein ausreichend tiefes Pflanzgefäß; vor allem die größeren Zwiebeln von Tulpen und Narzissen finden nicht in jedem durchschnittlichen Blumenkasten genügend Platz, sodass man sie in 20 cm Tiefe noch mit einer Substratschicht unterlegen kann. Außerdem ist auf guten Wasserabfluss zu achten, weil die Zwiebeln bei kalter Nässe rasch faulen. Sodann stellen Sie das bepflanzte Gefäß kühl, aber geschützt auf, zum Beispiel an der Hauswand, und decken es mit Fichtenreisig, Zeitungen oder Stoff ab. Dabei sollte es keiner direkten Besonnung ausgesetzt sein; bei Temperaturen über 9 °C würden die Zwiebeln nämlich vorzeitig austreiben, um dann zu erfrieren. Erst ab Februar darf dann an einem wärmeren Plätzchen vorgetrieben werden.

Was sonst noch zu tun ist

- Immer noch lassen sich Stecklinge von Geranien, Fuchsien, Oleander & Co nehmen, um sie in lockerem Substrat für die Überwinterung zu bewurzeln.
- Die Düngung der Balkon- und Kübelpflanzen ist generell einzustellen.

Noch bevor der erste Nachtfrost droht, sollten empfindliche Arten wie die Bougainvillee wieder eingeräumt werden.

Nutzgarten

LETZTE FREILANDSAATEN

Freilandsaaten von Feldsalat, Spinat, Frühlingszwiebeln, Wintererbsen und Scherkohl sollten möglichst bis Monatsmitte erfolgen.
Unter Folie, im Frühbeet oder im unbeheizten Gewächshaus verlängert sich die Saat- und Pflanzperiode um einige Wochen. Hier können Sie sogar rasch noch Pflücksalat, Radieschen und Stielmangold säen.
Wer auch im Winter Abwechslung in der Salatschüssel schätzt, der sät neben Feldsalat auch noch Winterportulak und Löffelkraut in schmalen Reihen ins Frühbeet.

PFLANZZEIT

Letzte Pflanzungen von Winter-Kopfsalat, Kohlrabi, Chinakohl, Endiviensalat, Zuckerhut und Radicchio sind rasch zu vollenden.
Für den Rhabarber hingegen beginnt erst die Pflanzzeit. Außerdem können nun alte Stöcke ausgegraben und mit dem Spaten geteilt werden, um die so verjüngten Pflanzen unter Zugabe von Kompost wieder frisch zu setzen. Dann treiben sie wieder williger aus.
Auch für Kräuterstauden ist ein günstiger Termin zur Pflanzung beziehungsweise zur Verjüngung und Vermehrung durch Teilen alter Stöcke. Unter anderem kann auch der Knoblauch gesetzt werden; Abstand in der Reihe: 20 cm.
Wärmebedürftige Arten sollten Sie allerdings nicht zu spät verpflanzen. Für diese ist im Zweifelsfall das Frühjahr vorzuziehen.

VOR DEN ERSTEN FRÖSTEN

Kalte oder gar frostige Nächte bringen die Entwicklung einiger Kulturen ins Stocken. Deshalb sollten Sie diese rechtzeitig mit Vlies und Folie oder auch individuell mit Hauben (Tomaten!) überspannen. Wenn die Pflanzen diese Nächte gut überstanden haben, kann die Ernteperiode noch einige Wochen andauern.
Wo die Kulturpflanzen bereits abgeerntet sind, kann man anschließend noch rasch eine frostharte Gründüngung wie Winterroggen ansäen.
Um im Winter Schnittlauch auf der Fensterbank oder im Gewächshaus antreiben zu können, sollten Sie ab Monatsmitte einige Ballen ausgraben und liegen lassen, damit sie durchfrieren. Das ist die Voraussetzung für den späteren Neuaustrieb.

Zur Pflanzzeit lassen sich Stauden leicht vermehren, durch Teilung vorhandener Stöcke – zum Teil mit bloßer Hand.

Wer nun Knoblauchzehen setzt, kann im nächsten Sommer ganze Knollen ernten. Auf ausreichend Abstand achten!

ERNTEHILFE

Wenn der Endiviensalat nicht eng genug gesetzt wurde, sollten Sie die Blattrosetten zusammenbinden. Auf diese Weise werden die inneren Blätter gebleicht. Zum selben Zweck kann man beim Lauch die Stiele anhäufeln.
Um die Entwicklung fester Röschen zu fördern, empfehlen erfahrene Gärtner, beim Rosenkohl die Triebspitzen auszubrechen.
Salbei sollte nun nicht mehr kräftig geschnitten werden, weil er an solchen Stellen empfindlich auf Frost reagiert.

GEMÜSETIPPS

- Chinakohl fühlt sich auf frisch-feuchtem Untergrund am wohlsten. Bei trockener Witterung ist daher zu wässern oder eine Mulchschicht zu empfehlen.
- Wenn noch in größerem Umfang Arten der Kohl-Familie auf den Beeten stehen, dann lohnt es, gegen die zweite Generation des Kohlweißlings rechtzeitig ein *Bacillus thuringiensis*-Präparat über die Pflanzen zu vergießen.
- Alle erkrankten und welken Teile der Tomatenpflanzen sind regelmäßig auszuputzen. Zudem sollte man die Entwicklung weiterer Blütenstände unterbinden.

Wenn Sie in den Lauchreihen die Erde zum Stiel hin anhäufeln, erhält dessen Basis die angestrebte Blässe.

ERDBEEREN VERSORGEN

Wer es zuvor versäumt hat, kann noch rasch Erdbeeren pflanzen. Zur Unterstützung sollte der Untergrund gut mit Kompost verbessert und sollten die Pflanzen vor dem Frost mit Reisig abgedeckt werden.
Auch im bestehenden Beet darf noch rasch Reifkompost flach eingearbeitet werden. Bei Bedarf nochmals störende Ausläufer entfernen und wässern.

OBSTBAUMPFLEGE

In diesem Monat reifen einige Apfelsorten, wie 'Alkmene', 'Goldparmäne' und 'Gravensteiner', sowie die meisten Birnensorten, die sich vorwiegend für den Frischverzehr und weniger zur Lagerung eignen.
Der Sommerschnitt sollte in diesen Wochen abgeschlossen werden.
Zur Förderung des nächstjährigen Blütenansatzes können Sie auf der Wurzelscheibe nochmals flach gut gereiften Kompost einarbeiten.
Eine rasch verfügbare flüssige Düngung hingegen ist nun nicht mehr zu empfehlen. Sie würde den Triebabschluss verzögern, und das Holz wäre dann wesentlich empfindlicher gegen Frostschäden.

PFLANZENSCHUTZ BEIM OBST

Mit einem Wellpappegürtel um den Stamm lassen sich die Larven des Apfelwicklers, des Frostspanners und anderer Schädlinge abfangen, die zu den wachsenden Früchten hochkriechen wollen. Die früher üblichen Leimringe werden aufgrund einer Gefährdung für unsere Singvögel nicht mehr empfohlen.
Bei den Himbeeren nimmt man die abgeernteten Ruten bis zum Boden heraus. Das ist besonders wichtig, wenn sie häufig von der Rutenkrankheit befallen sind, erkenntlich an violetten bis braunen Flecken und abblätternder Rinde. Ein ausreichend luftiger Stand und eine ständige Mulchdecke wirken vorbeugend.

Fachgerecht ernten

DER IDEALE ZEITPUNKT

Wenn wir hochwertiges und möglichst lange haltbares Obst ernten wollen, kommt es zuallererst auf den richtigen Termin an. Und das ist von Art zu Art, von Sorte zu Sorte, ja sogar von einer Frucht derselben Pflanze zur anderen unterschiedlich.
Unsere Herangehensweise unterscheidet uns fundamental vom Erwerbsanbauer, der seinen Erntetermin von den verfügbaren Arbeitern abhängig machen muss und in festen Chargen liefert. Vor allem aber steht für ihn nicht der Verzehr der frischen Frucht und deren Qualität im Vordergrund, sondern der Transport über die Handelskette zum Endverbraucher, die eine solche Frucht erst noch überstehen muss, bevor sie endlich ihren Zweck erfüllen darf. Und dazu wird vorzeitig geerntet. Daher sind selbst angebaute Früchte – wenn wir nichts falsch gemacht haben – ungleich saftiger, vitaminreicher und geschmackvoller als die aus dem Handel.

Weil das Fallobst rasch an Wert verliert, lohnt es sich, Erntehilfen wie einen solchen Teleskopstab zu Hilfe zu nehmen.

DER BESTE ZEITPUNKT

Der richtige Termin ist im Sommer umso wichtiger, weil bei trocken-heißer Witterung die Entwicklungsprozesse rascher voranschreiten. Deshalb ist es von Vorteil, wenn in relativ kurzen Abständen immer wieder geerntet wird. Dies kommt insbesondere Arten zugute, deren Früchte nicht gleichzeitig ausreifen und daher in mehreren Schritten durchgeerntet werden müssen. Wenn es kühler wird im Herbst, können die Abstände größer werden. Im Hinblick auf die Haltbarkeit ist ein Tag mit trockener Witterung zu bevorzugen. Am besten lassen Sie auch die Taunässe abtrocknen und ernten erst am Nachmittag. Bei Äpfeln, hier fallen Ernte- und Genussreife zusam-

Wenn sich der Fruchtstiel bei einer halben Drehung vom Ast löst, deutet das auf das Erreichen der Erntereife.

men, weist die Verbräunung der Kerne darauf hin, dass der richtige Zeitpunkt gekommen ist. Bei den übrigen Sorten kann oder muss die Frucht sogar erst lagern, bevor sie die optimale Konsistenz für unseren Verzehr erreicht hat. In diesen Fällen achtet man darauf, ob sich der Stiel rasch vom Zweig löst, wenn man die Frucht daran um 180 Grad dreht.

NICHT ZU SPÄT ERNTEN

Bei den spät reifenden Lageräpfeln sowie natürlich im Gemüsebeet können während der Ernteperiode erste Fröste auftreten. Bei einer solchen Witterung sollte auf keinen Fall geerntet werden; anschließend ist abzuwarten, bis das Erntegut wieder aufgetaut ist.
Weiche Früchte sind umso empfindlicher. Achten Sie sorgfältig darauf, dem Erntegut keine Druckstellen oder gar unnötigen Verletzungen zuzufügen, insbesondere wenn es konserviert oder gelagert werden soll. Solche Läsionen sind unweigerlich die Eintrittspforte für gefährliche Krankheitserreger.
Manch einer folgt der Devise, Früchte und Gemüse »lange wachsen und reifen« zu lassen. Doch ist der richtige Zeitpunkt einmal verpasst und wird zu spät geerntet, verschlechtern sich bei vielen Arten die Konsistenz sowie die Lagerfähigkeit. Dies gilt auch im Gemüsebeet: Salat schosst, Brokkoli blüht aus, Kohlrabis werden holzig, Radieschen wattig und Erbsen mehlig. Darunter leidet natürlich meist auch die geschmackliche Qualität.

ERNTETIPPS FÜR DEN GEMÜSEGARTEN

- Etwa einen Monat vor der Erntereife sollte man nicht mehr düngen; Tomaten, Gurken, Zucchini und Co. bilden die Ausnahme.
- Die Bewässerung sollte eine Woche vor der Ernte eingestellt werden.
- Vermeiden Sie, bei prallem Sonnenschein einzelne Pflanzen aus einer geschlossenen Gemeinschaft zu ernten. Denn dadurch würde den verbleibenden Pflanzen ein schattenspendender Nachbar entführt, was Verbrennungen zur Folge haben kann.
- Bei den Fruchtgemüsen, wie Tomaten, Gurken oder Bohnen, empfiehlt sich ein regelmäßiges Auspflücken zarter, junger Früchte. So wird die Bildung neuer Blüten und damit auch das Wachstum nachfolgender Früchte gefördert.
- Zucchini nimmt man am besten ab, wenn sie etwa die Größe einer Banane erreicht haben. Lässt man sie zu riesigen Kalibern auswachsen, verlieren sie ihren zarten Geschmack und füllen sich mit ausreifenden, ungenießbaren Samen. Nicht zuletzt übersteigt die Produktion dann in der Regel den Bedarf einer Familie.
- Wurzelgemüse wie Möhren oder Rote Bete dürfen lange im Boden bleiben; dann ziehen auch die Wertstoffe aus den Blättern in die Rüben ein.
- Es wird empfohlen, Wurzelgemüse etwa einen Tag vor der Ernte mit der Grabegabel leicht anzuheben, sodass die Wurzeln reißen. Durch diese Störung verlagert sich ein Großteil des eingelagerten Nitrats – für den Menschen ein Schadstoff – in das Laub.

Ein warmer, trockener Sommer garantiert reiche Tomatenernte.

Oktober

Der Fall der bunt gefärbten Blätter und die Reife lagerbarer Früchte sind die prägenden Vorgänge dieses Monats. Die Tierwelt bereitet sich allmählich auf den Winter vor.

Schon im Vormonat begann der Prozess, in dessen Verlauf sich die für die Photosynthese verantwortlichen Farbstoffe in den Blättern abbauen. Dadurch kommen je nach Pflanze mehr oder weniger intensive Blattfärbungen in roten, gelben und braunen Tönen zum Vorschein, die dieser Jahreszeit ihr ebenso typisches wie attraktives Gesicht verleihen.

Nach einer Übergangsphase fallen diese Blätter von den Bäumen; meist beginnt es beim Kernobst.

Wenn das Blatt am Baume bleibt,
ist der Winter noch recht weit,

... weiß dazu eine Bauernregel. Eine andere nutzt den verzögerten Laubfall zu einer Prognose:

Wenn im Oktober die Eiche ihr Laub behält,
folgt ein Winter mit strenger Kält'.

TIERWELT IN WINTERVORBEREITUNG

Wenn nun auch noch die reifen Kastanien von den Bäumen purzeln, ebenso wie die Walnüsse, deren weiche Schalen sich dabei ablösen, dann ist dies das endgültige Signal, dass der Herbst Einzug gehalten hat.

Das heißt aber nicht, dass der Monat nur kalt und trist sein muss. Der sprichwörtliche »goldene Oktober« ist keine Seltenheit – häufig bringt er mehr sonnig-warme Tage als der September, und in dem milden Herbstlicht präsentiert sich das bunte Laub umso farbenprächtiger.

Für Igel, Eichhörnchen und andere Mitbewohner unseres Gartens ist es nun höchste Zeit, sich in puncto Vorratshaltung auf den nahenden Winter vorzubereiten. Die Zugvögel haben ihre Probeflüge abgeschlossen und machen sich auf die Reise in den wärmeren Süden. Dies und das Verhalten der verbliebenen Artgenossen beschreibt die Bauernregel:

Mit St. Hedwig (15.10.) und St. Gall (16.10.)
schweigt der Vögel Sang und Schall.

Wer sich nicht rechtzeitig vorbereitet, den kann es böse erwischen. Nicht immer muss uns das leid tun, denn mitunter können das auch schädliche Tiere sein:

Ein kalter Oktober den Bauern freut,
er bringt den bösen Raupen Leid.

Allgemein

UMGRABEN ODER NICHT?

Das Umgraben der Beete im Herbst gehört zu den am wenigsten geliebten und meistdiskutierten Gartenarbeiten. Gegner führen ins Feld, dass das sensible Bodenleben dabei völlig auf den Kopf gestellt werde. Organismen, die auf den Sauerstoff oberer Schichten eingestellt sind, würden in die luftarme Tiefe gepflügt, und diejenigen, die sich in unteren Schichten wohlfühlen, seien plötzlich Wind und Wetter ausgeliefert. Befürworter halten die verbesserte Bodenlüftung und -krümelung dagegen. Unkräuter würden verschwinden und die Bodenorganismen sich schon nach einigen Wochen wieder regenerieren.

Durch das Umgraben wird auf schweren Böden die Frostgare und somit eine krümelige Struktur gefördert.

Letztlich liefert der Boden selbst die salomonische Antwort, ob und wie stark der Boden bearbeitet werden muss. Ein Umgraben ist sinnvoll bei:

- sehr schweren, verdichteten und zu Staunässe neigenden Böden,
- stark verunkrauteten Böden,
- Brachflächen und Neuanlagen.

BODENVERBESSERER FROST

Das spatentiefe Umgraben schwerer, stark tonhaltiger Erde im Herbst bewirkt die sogenannte Frostgare. Das Wasser dringt in tiefere Erdschichten, friert und sprengt die groben Schollen in feine Krümel. Der Boden ist dadurch besser belüftet, er erwärmt sich rascher und vernässt nicht. Die Umschichtung hat außerdem den angenehmen Nebeneffekt, dass Schneckeneier an die Oberfläche befördert werden und erfrieren oder von Vögeln aufgepickt werden.

ALTERNATIVEN: MULCHEN UND LOCKERN

Bei leichten und humosen Böden erübrigt sich der mühsame Eingriff im Herbst, weil sie von Natur aus eher locker und luftig sind und nicht verkleben. Sie schickt man am besten unter einer Mulchdecke in die kalte Jahreszeit. Eine Schicht Herbstlaub o. Ä. reguliert den Feuchtigkeitshaushalt des Bodens, hält ihn warm und dadurch die Bodenlebewesen aktiv.

Ganz ohne zusätzliche Lockerung geht es aber selbst bei Sandböden nicht. Als schonende Alternative zum Umgraben kommt im zeitigen Frühjahr die Grabgabel zum Einsatz. Man stößt die Gabel in die Erde und bewegt sie kräftig hin und her. Zu empfehlen ist auch die Bearbeitung mit dem Sauzahn. Sein gebogener Zinken lockert die Erde sehr tief, ohne dabei die natürliche Bodenschichtung durcheinanderzubringen.

Erfolgreich kompostieren

WERTVOLLES SUBSTRAT AUS ABFÄLLEN

Oktober ist ein wichtiger Monat, um sich mit dem Kompost zu beschäftigen. Aber nicht, weil er ausgebracht würde – das hat man vielleicht früher gemacht, als man sich noch nicht der Nährstoffverluste über den Winter bewusst war. Nein, um diese Zeit fallen viele pflanzliche Abfälle an, und der Kompostplatz muss zu diesem Anlass wieder auf Vordermann gebracht werden.
Während der gelenkten Rotte entsteht aus diesen Abfällen wertvollster Humus. Dabei handelt es sich um ein stark belebtes Substrat, dessen Eigenschaften in vielfacher Hinsicht unübertroffen sind: Die Pflanzen werden in optimaler Weise mit Wasser und Nährstoffen versorgt, der Boden bleibt krümelig und in seiner Struktur stabil. Dennoch gilt auch hier nicht: »Viel hilft viel.« Da die Werte an Phosphor, aber auch Kalium in den meisten Gärten überhöht sind, sollte Kompost nur bedarfsgerecht ausgebracht werden. Selbst für nährstoffbedürftige Kulturen genügt eine etwa 3 cm starke Schicht.

KOMPOST AUFSETZEN

Grundsätzlich ist zur Kompostierung kein Behälter erforderlich. Es genügt, das Material zu einer sogenannten Miete aufzuschichten. Entscheidend für das Ergebnis ist unter anderem die Mischung desselben. Im günstigsten Fall ergänzen sich unterschiedliche Materialien derart, dass widrige Eigenschaften ausgeglichen werden. Sowohl nur holzige als auch ausschließlich saftig-grüne Bestandteile würden nämlich die Aktivitäten der Rotteorganismen behindern.
In einem artenreichen Garten fällt eine erfolgreiche Mischung nicht schwer: Rasenschnitt, Ernterückstände, verwelkte Pflanzenteile, Laub und zerkleinerte Zweige – in ausgewogenen Anteilen durchmischt, ergeben sie ein wertvolles Kompostsubstrat. Die saftig-grünen Pflanzenabfälle spenden den beteiligten Mikro-Lebewesen Energie, die eher sperrigen Bestandteile sorgen für die notwendige Durchlüftung.

Was nicht auf den Kompost gehört

- nicht-organische Fremdstoffe,
- Fleisch- und Fisch- sowie gekochte Speiseabfälle,
- grobe organische Materialien wie unzerkleinertes Holz.

Problematisch sind auch

- von Krankheiten befallene Pflanzenteile sowie
- wurzel- oder samentragende Unkräuter.

Die Nährstoffe und Strukturqualitäten des Komposts sollten Gemüse- und Zierpflanzen gleichermaßen zugutekommen.

Geschlossene Behälter können die Rotte beschleunigen, erfordern jedoch besondere Aufmerksamkeit.

DIE ROTTE LENKEN

Grundsätzlich werden viele Keime und Samen bei der Heißrotte unschädlich gemacht. Aber die erfasst nicht alle Teile des Komposts gleichermaßen. Um die Schadfaktoren nicht mit dem fertigen Substrat aktiv über den Garten zu verteilen, sortiert man sie vorher aus. Umso mehr, als widerstandsfähige Erreger wie die der Kohlhernie unbeschadet aus der Kompostierung hervorgehen.
Der Rotteprozess lässt sich durch Umsetzen beschleunigen, wobei die Bestandteile noch einmal neu gemischt werden und die Belüftung aufgefrischt wird. Auch Stickstoff-Dünger oder strukturstabilisierende Zusatzstoffe (z. B. Kalk) können die Bedingungen verbessern.
Die Rotte des Laubs lässt sich beschleunigen, wenn man es gleich mit dem Rasenmäher auffängt und dabei zerkleinert. Stärkere Äste sollten nach Möglichkeit zerhäckselt werden. In der Regel kommen aus der Küche noch Rückstände vom Gemüseputzen hinzu.

Im Grunde ist nur eine offene Miete erforderlich, in der die verschiedenen Materialien gut vermischt werden.

WOZU SIND BEHÄLTER GUT?

Der Fachhandel bietet die unterschiedlichsten Behälter zur Kompostierung. Schon im einfachsten Holzrahmen lässt sich das Material höher aufstapeln, was besonders in kleinen Gärten von Vorteil ist. Die Auswahl ist zum Teil aber auch eine ästhetische Frage: Welche Bauweise gefällt mir am besten, um die welken und faulen Pflanzenabfälle zu verbergen?
Geschlossene Kunststoffbehälter werben zudem damit, dass sich darin die Rotte besonders rasch vollzieht. Diese Ankündigung erfüllt sich allerdings nur bei besonders intensiver Betreuung des Rotteprozesses.

ZWEI KOMPOSTQUALITÄTEN

Früher ließ man den Kompost einfach mehrere Jahre lang liegen und glaubte: Jetzt muss er doch endlich fertig sein! Doch das Gegenteil ist der Fall – im Laufe der Zeit haben sich all die wertvollen Bodenlebewesen längst wieder verabschiedet, und auch ein Teil der Nährstoffe dürfte ausgewaschen sein.
Heute weiß man, dass der Kompost nach wenigen Monaten sein wertvollstes Stadium erreicht hat. Ein mit diesem Nährkompost angereichertes Beet wird gedüngt und belebt. Damit er jedoch nicht mehr zu »scharf« ist, sollte man bei einem Keimtest seine Brauchbarkeit testen. Reifkompost, der auch nicht länger als ein Jahr rotten sollte, zeichnet sich hingegen durch besonders dauerhafte Humusformen aus, die den Boden langfristig verbessern. Sie sind auch für die Aussaaten wesentlich besser verträglich.
Weil man für das Beet ein relativ feines Substrat bevorzugt, wird der fertige Kompost zunächst einmal abgesiebt. Die Rückstände kommen wieder zurück, um weiter zu rotten und frisches Material mit Mikroorganismen zu impfen. Auf den Beeten darf der Kompost nur sehr flach eingearbeitet werden, insbesondere Nährkompost, damit seine Lebendigkeit nicht erstickt wird.

Ziergarten

ZAUBERHAFTER HERBSTGARTEN

Mit dem Abschied knallig-bunter Beetblumen präsentiert sich der herbstliche Garten in neuem Licht. Weniger spektakulär, aber voller zauberhaftem Charme ziehen die Spätzünder dankbare Blicke auf sich.

Zu den Staudenstars des Herbstes gehören der Eisenhut, die Herbst-Anemone und die Silberkerze. Sie lassen sich im leichten Gehölzschatten zu einem natürlichen Farb-Dreiklang vergesellschaften.

Auf dem Prachtstaudenbeet übernehmen unübersehbar die Herbst-Astern die Führung und verlängern die Saison mit einer unglaublichen Blütenfülle. Daneben setzen winterharte Freiland-Chrysanthemen, Oktober-Margeriten, die zweite Rittersspornblüte und beharrliche Sommerblumen farbenfrohe Akzente. Denn Kosmeen, Zinnien, Ringelblumen und einige andere Einjährige halten sogar leichten Frösten stand. Noch robuster ist nur der Zierkohl, dessen buntes Laub bis weit in den Winter hinein für Aufsehen sorgt.

GRÄSER UND ZIERGEHÖLZE VON IHRER SCHÖNSTEN SEITE

Auch Ziergräser zeigen sich jetzt von ihrer schönsten Seite. Neben den filigranen Strukturen und dekorativen Samenständen sind es vor allem die leuchtenden Herbstfärbungen, mit denen insbesondere große Arten wie Chinaschilf, Rutenhirse & Co. die herbstliche Szenerie des Gartens prägen.

Mit einem spektakulären Herbstkleid wissen um diese Zeit auch viele Sträucher und Bäume zu glänzen. Japanische Ahorne, Hartriegel-Sorten, Felsenbirne, Wilder Wein, Korkflügelstrauch und zahlreiche andere Gehölze zünden ein Farbenfeuerwerk in allerlei Gelb-, Orange- und Rottönen und machen den »Indian Summer« auch in unserem Garten perfekt.

EMPFINDLICHE ZWIEBELN EINLAGERN

Die Zwiebeln und Knollen von Dahlien, *Canna*, Gladiolen und Montbretien müssen frostfrei überwintern. Sobald das Laub sich verabschiedet, schneidet man es zurück und holt die Knollen vorsichtig mit der Grabgabel aus der Erde. Begutachten Sie die Speicherorgane genau! Verletzte oder faule Knollen müssen aussortiert werden. Eventuell überstehen sie den Winter, wenn man die Faulstellen ausschneidet und die Schnittfläche mit Holzkohlepulver desinfiziert. Auf alle Fälle müssen solche Exemplare separat eingelagert werden, damit sie nicht die gesunden anstecken.

Dahlienknollen und *Canna*-Rhizome dürfen während der Lagerung im kühlen, aber frostfreien Raum nicht austrocknen und werden nach dem Ausputzen in leicht feuchtem Sand eingeschlagen. Gladiolen- und Montbretien-Zwiebeln wollen dagegen trocken überwintern.

Beim Einholen der Dahlienknollen vor schweren Frösten schneidet man die Triebe weitgehend zurück.

WURZELNACKTE ROSEN PFLANZEN

Die ideale Pflanzzeit für Rosen erstreckt sich von Oktober bis November. Baumschulen bieten jetzt die größte Sortenauswahl an – frisch gerodet und wurzelnackt, also ohne Ballen. Wurzelnackte Rosen sind deutlich preisgünstiger als Containerpflanzen und gehen – im Herbst gepflanzt – gut eingewurzelt und mit Vorsprung gegenüber einer Frühjahrspflanzung in die neue Saison. Wurzelnackte Rosen sollten möglichst rasch nach dem Kauf gepflanzt werden. Zuvor stellt man Sie allerdings für einige Stunden ins Wasser, damit sie sich durchdringend vollsaugen können. Die Pflanzen sollten mindestens bis zur knolligen Veredlungsstelle am Wurzelhals abtauchen. In der Zwischenzeit können Sie das Pflanzloch ausheben. Lockern Sie die Sohle der Grube gründlich auf, um den Tiefwurzlern das Anwachsen zu erleichtern. Mit etwas reifem Kompost lässt sich die ausgehobene Pflanzerde rosenfreundlich verbessern.
Nach dem Wasserbad und vor dem Setzen erfolgt der Pflanzschnitt. Dabei werden alle Triebe auf etwa 20 cm zurückgeschnitten, sodass etwa fünf Augen verbleiben. Auch die Wurzeln kürzt man ein wenig ein, um sie zur feinen Verzweigung anzuregen. Abgebrochene und vertrocknete Pflanzenteile sind ganz zu entfernen.
Nun dürfen die Rosen endlich wieder in den Boden, und zwar so tief, dass die Veredlungsstelle etwa 5 cm unter der Erde liegt. Die Rose wird gut angedrückt und gründlich gewässert. Ein Gießrand sorgt dafür, dass das Wasser direkt zu den Wurzeln gelangt.
Als letzten Schritt wappnen wir die Rosen gegen kommende Fröste und Austrocknung. Gleich einem Maulwurfshügel häufeln wir dazu das »Herz« der Rose etwa 15 cm hoch mit Erde an.

Nicht nur überlange oder abgestorbene Wurzelteile werden zurückgeschnitten, um die Verzweigung anzuregen.

Was sonst noch zu tun ist

- Von Sommerblumen und Wildstauden lassen sich Samen zur Weitervermehrung sammeln.
- Verblühte Beetstauden und Sommerblumen werden zurückgeschnitten.
- Offene Beete kann man oberflächlich mit etwas Kompost anreichern; entfernen Sie unerwünschte Wildkräuter.
- Die ideale Pflanzzeit für ballenlose sommergrüne Gehölze beginnt nach dem Laubfall.
- Der Oktober ist Hauptpflanzzeit für frühlingsblühende Zwiebelpflanzen!
- Von vielen Ziergehölzen können ab jetzt Steckhölzer geschnitten und gesteckt oder bis zur Bewurzelung im Frühjahr in Sand gelagert werden.
- Reinigen Sie den Teich von hineingefallenem Laub und abgestorbenen Pflanzenteilen.

Balkon & Terrasse

ABRÄUMEN ODER ÜBERWINTERN?

Der Sommerflor kann während goldener Oktoberwochen noch mal etwas aufblühen, doch spätestens nach Einwirkung der ersten kräftigen Frostnächte verlieren solche Pflanzungen die Fasson und sollten abgeräumt werden – insbesondere, wenn sich darunter Pflanzen befinden, die ins nächste Jahr gerettet und dazu geschützt überwintert werden sollen.
Bedenken Sie allerdings, dass sich der Aufwand nur bei den Lieblingssorten und wertvolleren Pflanzen lohnt, darunter meist die Kübelpflanzen (siehe S. 130). Denn häufig sind die Räumlichkeiten nicht optimal, und die Pflanzen, die unsere Überwinterung gesund überstehen, starten in der Regel mühsamer in die neue Saison als kräftige und kompakte Pflanzen, die Sie frisch vom Gärtner zugekauft haben.
Damit die Pflanzen zur Überwinterung ausreifen, dürfen sie ab Mitte August nicht mehr gedüngt werden. Zudem sollte man sie durch zurückhaltenderes Gießen auf die Ruhephase vorbereiten.

GERANIEN FROSTSICHER AUFBEWAHREN

Zur Überwinterung räumt man unter anderem die Geranien ab und bringt sie in etwa 10 bis 15 °C warme Kellerräume. Dabei sollten Sie sie ausputzen und insbesondere darauf achten, dass keine Krankheitsherde ins Winterlager eingeschleppt werden. Vor allem die langtriebigen Hängegeranien dürfen Sie außerdem gleich zurückschneiden.
Da die Pflanzgefäße für die Aufbewahrung oft zu voluminös sind, kann man die Wurzelballen herausholen und dicht an dicht einschlagen. Manche Gärtner stecken die zuvor angefeuchteten Ballen auch in verschließbare Plastikbeutel und hängen sie an der Wand auf.

VERBLEIBENDE PFLANZUNGEN

Fuchsien halten kühlen Temperaturen etwas länger Stand. Gemeinsam mit anderen robusten Arten wie Schneeflocke *(Sutera)*, Goldtaler *(Asteriscus)* und Kocherblume *(Cuphea)* können sie bis November draußen bleiben und bevorzugen dann etwa 5 °C kühle Räume. Auch die Herbstbepflanzung hält die Stellung. Sie bleibt noch lange ansehnlich, wenn Sie empfindlichere Arten wie Chrysanthemen vor drohenden Nachtfrösten mit einem Vlies abdecken.

WINTERBEPFLANZUNG ANLEGEN

Bei günstiger Witterung kann noch rasch eine Winterbepflanzung angelegt werden. Immergrüne, wie zwergwüchsige Buchs- und Koniferensorten, sowie winterblühende Erika bilden das Gerüst, zwischen das man bereits Frühlingsblüher wie Stiefmütterchen oder Blumenzwiebeln platzieren kann.
Die Stecklinge von Balkon- und Kübelpflanzen, die noch vor dem Winter bewurzelt wurden, werden kühl, aber frostsicher und hell überwintert.

Eine Bepflanzung aus winterharten Stauden und immergrünen Gehölzen hält auch im Winter die Stellung.

Die Überwinterung von Kübelpflanzen

TRANSPORTFÄHIGE KULTUR

»Kübelpflanzen« müssen bei uns im transportablen Gefäß kultiviert werden, weil sie aus ihrer meist wärmeren Heimat vielleicht einige Minusgrade gewöhnt sind, aber nicht unsere eisigen Winter mit Temperaturen bis −25 °C und tiefer. Um sich an diesen Exoten über mehrere Jahre lang erfreuen zu können, werden sie daher in geschützte Überwinterungsräume gebracht.
Wer den Aufwand nicht treiben will oder kann, dass er seine schweren Kübel zuerst ins Haus hievt, um dort womöglich unter ungünstigen Umständen päppeln zu müssen, der kann einen Überwinterungsservice in Anspruch nehmen. Den bieten mittlerweile viele Gärtnereien in ihren Gewächshäusern an, inklusive einer Rundum-Versorgung bis zum Auszug im Frühjahr. Das ist allerdings mit Kosten verbunden.

Eine Sackkarre erweist sich als äußerst hilfreich beim Einräumen der schweren Kübelpflanzen vor der Frostperiode.

DER BESTE PLATZ

Nur eine Minderheit unter den Kübelpflanzen kann in unserer beheizten Wohnung überwintern.
In den meisten Fällen wäre ein heller Raum, der frostsicher ist, in dem jedoch kühle Temperaturen zwischen 5 und 12 °C herrschen, völlig ausreichend. Manchmal findet man solche Bedingungen am Kellerfenster, manchmal in einem Treppenhaus oder in einer Garage mit Fenster.
Geradezu ideale Voraussetzungen bietet ein frostsicheres Gewächshaus oder ein Wintergarten: In solchen Etablissements haben die Pflanzen fast natürliches Licht, und die Temperatur lässt sich steuern. Einige Arten, die im dunklen Keller das Laub abwerfen, bleiben im Wintergarten durchgängig grün; manche blühen hier sogar nahezu ganzjährig durch.

WANN SOLLTE EINGERÄUMT WERDEN?

Einerseits wird man darauf achten, dass an den Pflanzen keine nachhaltigen Schäden entstehen, und deshalb keinesfalls zu spät einräumen. Aber auch das Gegenteil wäre nicht erstrebenswert. Ein überlanger Aufenthalt in den meist nicht optimalen Überwinterungsräumen, wo sie wenig Licht haben und sich unbemerkt Fäulniserreger und Schädlinge einnisten, ist für die Entwicklung der Pflanzen wenig förderlich. Deshalb lohnt es sich, über ihre individuellen Bedürfnisse und Empfindlichkeiten Bescheid zu wissen.
Je nach Herkunft kommen manche Arten nämlich notfalls mit Temperaturen bis zu −15 °C zurecht, während andere überhaupt keine Frostgrade gewohnt sind und schon bei einer geringen Unterschreitung der Null-Grad-Grenze mit massiven Schäden reagieren. Dementsprechend sind die Pflanzen einzuräumen. Aufgrund der schweren substratgefüllten Gefäße erweist es sich als hilfreich, wenn Ihnen dabei eine Sackkarre für den Transport zur Verfügung steht.

VOR DEM ERSTEN FROST

Manche Arten müssen also sofort bei Ankündigung des ersten Frostes eingeholt werden. Sie können die Aktion allerdings ein bisschen hinauszögern, indem Sie vor vereinzelten Frostnächten einfach Schutzabdeckungen anlegen, die danach unter Umständen wieder wochenlang verräumt werden dürfen. Bei leichten Frösten verliert die Engelstrompete ihre Blätter, eventuell sterben die Triebspitzen ab. Angesichts dessen, dass sie eh meist zurückgeschnitten sowie dunkel und blattlos überwintert wird, hält sich der Schaden in Grenzen.

DURCHSCHNITTLICHER TERMIN: OKTOBER

Engelstrompeten sind deshalb eher der Gruppe zuzuordnen, die leichte Fröste verträgt und erst bei Temperaturen unter –5 °C eingeräumt werden muss. Bedrohlich werden für diese Pflanzen meist erst die Nächte ab der zweiten Oktoberhälfte.
Allerdings muss bei alledem betont werden, dass die Frosthärte der Pflanzen nicht nur von den Genen abhängt, sondern auch von der Herkunft (Anzucht) der jeweiligen Pflanze und sogar von der individuellen Abhärtung – indem man sie langsam an tiefe Temperaturen gewöhnt.

DIE LETZTEN FOLGEN NOCH VOR DEM JAHRESWECHSEL

Überraschend viele unserer Kübelpflanzen sind sogar recht frosthart und überstehen Temperaturen von – 8 °C, – 10 °C, – 12 °C oder manchmal sogar – 15 °C ohne größere Schäden. Diese Arten kann man relativ lange am Freiland-Standort abhärten lassen, oft bis in die erste

Der Zylinderputzer (*Callistemon*) gehört zu den Kübelpflanzen, die frühzeitig eingeräumt werden müssen.

Einige Fächerpalmen sind frosthärter, als man glaubt, und überstehen schadlos Fröste bis minus 10 °C.

Dezember-Hälfte. Dann aber wird es auch für sie Zeit, ins Winterlager umzuziehen. Denn während des Kernwinters tritt schnell einmal ein strenger Frost ein, der ihnen im Handumdrehen den Garaus machen würde. Bei diesen robusten Arten genügt oft die Aufstellung an einem geschützten Platz im Freien. Dort aber sind die Wurzeln am anfälligsten, weil die Erde im Topf wesentlich rascher durchfriert als im gewachsenen Boden. Deshalb empfiehlt es sich in solchen Fällen, den Topf mit Wellpappe, Luftpolsterfolie oder Ähnlichem einzuwickeln und die Oberfläche mit Laub abzudecken.

Auch der Oleander gehört zu den Arten, die im Herbst relativ lange im Freien bleiben dürfen, ja sollten.

		Frostschäden ab		
		0 °C	–5 °C	–10 °C
Kübelpflanze	**Bot. Name**	**Empfindlich gegen Frost**	**Robust**	**Kaum Schäden**
Aukube	*Aucuba*			■
Bananen	*Musa, Ensete*	■		
Bleiwurz	*Plumbago*		■	
Bougainvillee	*Bougainvillea*	■		
Enzianstrauch	*Solanum rantonetti*		■	
Feige	*Ficus carica*			■
Granatapfel	*Punica granatum*			■
Hanfpalme	*Trachycarpus*			■
Jasmin	*J. officinale, J. mesnyi*			■
Kamelie	*Camellia sinensis*			■
Kerzenstrauch	*Senna*	■		
Korallenstrauch	*Erythrina*	■		
Kreppmyrte	*Lagerstroemia*			■
Lorbeer	*Laurus*			■
Oleander	*Nerium*		■	
Palme, Dattel-	*Phoenix*		■	
Palme, Fächer-	*Washingtonia*		■	
Passionsblume	*Passiflora*		■	
Prinzessinnenblume	*Tibouchina*	■		
Roseneibisch	*Hibiscus rosa-sinensis*	■		
Rosmarin	*Rosmarinus*		■	
Sternjasmin	*Trachelospermum*			■
Strauchmargerite	*Argyranthemum*		■	
Strelitzie	*Strelitzia*	■		
Zitronen u. a.	*Citrus*	■		
Zylinderputzer	*Callistemon*	■		

Nutzgarten

WAS NOCH WEITERWÄCHST

- Gemüsekulturen, die noch nicht für die Ernte ausgereift sind, werden am besten mit einer Folienabdeckung geschützt.
- Winterharte Gemüse wie Feldsalat, Spinat, Winterportulak, Löffelkraut oder manche Markerbsen können bei milder Witterung sogar noch ausgesät werden. Sie überwintern im Schutz einer Schnee- oder Reisigdecke, um selbst im Winter unter Einfluss frühlingshafter Witterung weiterzuwachsen und dann erste Vitamine zu liefern.
- Ein beheiztes Gewächshaus ermöglicht die Fortführung des Anbaus auch von Winter-Salatsorten, Kohlrabi, Rettich und Radieschen.
- Einige Endiviensorten sind selbstbleichend. Die anderen sollte man etwa eine Woche vor der geplanten Ernte zusammenbinden, damit die inneren Blattrosetten gebleicht werden.

ABRÄUMEN, BEVOR DER FROST KOMMT

Zum Ernten empfindlicher Gemüse vor dem Wintereinbruch sind trockene Tage zu bevorzugen. Zum Beispiel sollten Sie Wurzelgemüse abernten, bevor der Boden endgültig gefriert.

Auch die Chicorée-Wurzeln können noch rasch zum Treiben aus dem Boden geholt werden.

Der Chinakohl ist etwas frostempfindlicher als der Zuckerhut und sollte daher etwas früher abgeräumt werden. Leichte Nachtfröste werden auch von Kopfkohl, Sellerie, Möhren und Rote Beten gut überstanden. Bevor jedoch längere und heftige Fröste einsetzen, sollten Sie auch diese Gemüse vom Beet holen. Details zur Lagerung siehe Seite 145.

Für den vom Mittelmeer stammenden Rosmarin ist in rauen Lagen eine Abdeckung unzureichend. Holen Sie den Strauch besser während der strengen Frostperiode in einen geschützten Raum.

Ein Folientunnel ist eine einfache Konstruktion, mit der sich der Anbau zahlreicher Gemüsearten verlängern lässt.

Der Rosmarin aus dem Kräutergarten wird über Winter wie eine Kübelpflanze behandelt und geschützt überwintert.

SINNVOLLE SAISONVERLÄNGERUNG

Tomaten kann man mithilfe von Abdeckungen durch die ersten Frostnächte retten. Bei tieferen Temperaturen sollte man sie allerdings abernten. Die noch grünen Früchte können Sie dunkel in einem temperierten Raum aufstellen, wo sie nachreifen. Besonders gut gelingt dies mit Kirschtomaten.

Rosen- und Grünkohl setzt man gezielt der einen oder anderen Frostnacht aus, weil sie dadurch einige Bitterstoffe abbauen und erst dann richtig zart werden.

Wer noch einen größeren Vorrat davon hat, schlägt die Pflanzen mitsamt Wurzeln dicht nebeneinander an einen geschützten Platz ein, ebenso Lauch.

VORBEREITUNG FÜR DAS TREIBGEMÜSE

Wenn Sie nun den einen oder anderen Schnittlauch ausgraben und den Wurzelballen durchfrieren lassen, können Sie ihn anschließend wieder eintopfen und auf der Fensterbank antreiben.

Chicorée wird ebenfalls irgendwann ausgegraben, bevor der Boden gefrieren kann. Dabei sollten die langen Wurzelrüben möglichst kräftig (6–8 cm) und unbeschädigt sein. Man lässt sie einige Tage auf einem mit Jute oder ähnlichen Stoffen abgedeckten Haufen liegen. Dann werden die gewelkten Blätter bis auf wenige Zentimeter zurückgeschnitten und die Rüben bis zum Antreiben in feuchtem Sand zwischengelagert.

Schnittlauch ausgraben und Wurzelballen durchfrieren lassen – dann lässt er sich am Fensterbrett antreiben.

Wintersalat und Kohlrabi können im beheizten Gewächshaus fast das ganze Jahr über angebaut werden.

BODENBEARBEITUNG

Abgeräumte Beete werden bereits für das nächste Jahr vorbereitet. Während schwere Böden zu diesem Zweck umgegraben werden sollten, kann man sich diese Maßnahme auf leichten Böden ersparen (siehe S. 124). Hingegen lohnt es sich auf jeden Fall, die Nährstoff-Situation mithilfe einer Bodenprobe (siehe S. 35) zu ermitteln, bevor man im kommenden Frühjahr auf gut Glück irgendwelche Maßnahmen ergreift.
Winterharte Gründünger wie Winterroggen, -weizen oder -wicke können immer noch gesät werden. Die anderen dürfen ebenfalls auf den Beeten stehenbleiben und den Winter über abfrieren.
Jetzt sollte man bestenfalls noch reifen Kompost ausbringen, flach einarbeiten und mit einer Mulchdecke gegen den Frost schützen.

ERNTEN, PFLANZEN UND MULCHEN BEI SONDERKULTUREN

- Zur Ernte des Meerrettichs können nun die Wurzeln ausgegraben werden. Die schwächeren Seitenwurzeln trennt man dabei ab und schlägt sie ein, um sie für eine Neupflanzung im nächsten Frühjahr zu verwenden. Die dicken Hauptwurzeln hingegen können verarbeitet oder eingelagert werden.
- Günstigste Pflanzzeit für Rhabarber. Die Stöcke älterer Pflanzen sollten nach spätestens 8 Jahren geteilt und verjüngt werden.
- Auch ältere Exemplare frostharter Kräuter kann man noch teilen und neu pflanzen.
- Beerensträucher gehen am liebsten mit einer Mulchdecke in den Winter. Bevor man diese ausbringt, darf noch etwas Reifkompost flach auf der Wurzelscheibe eingearbeitet werden.

OBSTGEHÖLZE PFLANZEN

Während die südländischen Arten die Pflanzung im Frühjahr problemloser vertragen, ist der Laubfall im Herbst ein günstiger Anlass, heimische Obstarten zu pflanzen. Der Pflanzschnitt erfolgt – mit Ausnahme der Himbeeren – erst im Frühjahr.
Wie im Gemüsegarten, so ist auch beim Obst ein Fruchtwechsel am jeweiligen Standort sinnvoll: nämlich zwischen Kern- und Steinobst.
Die Veredelungsstelle sollte bei der Pflanzung knapp oberhalb des Bodens bleiben. Weitere Details dazu finden Sie auf Seite 112.
Äpfel, Birnen und Kirschen sind selbst-unfruchtbar, teilweise auch Pflaumen und Sauerkirschen. Diese Bäume brauchen also immer passende Partner, um Früchte ansetzen zu können.

ERNTE UND PFLANZENSCHUTZ BEIM OBST

Beeilen Sie sich, an jedem Obstbaumstamm einen Wellpappegürtel anzubringen, um Schadinsekten am Aufstieg in die Krone zu hindern!
Nun ist Zeit für die Ernte später Apfelsorten wie 'Berlepsch', 'Boskoop', 'Florina', 'Pilot' oder 'Topaz' sowie der letzten Birnensorten wie 'Madame Verté'. Viele der jetzt erntereifen Apfelsorten erreichen erst etwa im Dezember ihre Genussreife.
Einige jüngere Himbeersorten wie 'Autumn Bliss' ermöglichen im Herbst eine zweite Ernteperiode. Von Pilzkrankheiten befallene Himbeerruten sind spätestens nach dem Laubfall bis zum Boden herauszuschneiden.
Bei den Walnüssen empfiehlt es sich abzuwarten, bis die Früchte von den Bäumen fallen und die grünen Hüllen sich von den Nüssen in deren Innerem lösen. Vorsicht – bei Nässe werden die Nüsse leicht von einem giftigen Schimmelpilz befallen!
Auch die Haselnüsse signalisieren ihre Reife dadurch, dass sie sich leicht aus der Hülle lösen.

November

Von seinem Charakter her ist dies ein eher trüber und trister Monat, der zu Aufräumarbeiten draußen und zum Rückzug ins Innere anregt.

Der Monat beginnt mit einem Spektakel, zumindest aus Sicht der Kinder: Einer aus Amerika reimportierten Tradition folgend ziehen sie am Vorabend von Allerheiligen mit ausgehöhlten Kürbisköpfen von Haus zu Haus, um ihren süßen Tribut zu fordern.

Ansonsten ist der November geprägt von Allerheiligen und anderen Totengedenktagen. Das passt auch zur allgemeinen Witterung, die wir mit diesem Monat verbinden: kühle bis kalte, häufig auch neblig-trübe Tage, darunter kräftige Fröste deutlich unter dem Gefrierpunkt und erste starke Schneefälle.

In manchen Jahren bleibt der November recht mild, so dass einige Frühjahrsblüher sich schon zum Austrieb angeregt fühlen. Doch darüber sollte man sich nicht zu früh freuen, wie eine Bauernregel meint:

Blühen im November die Bäume aufs Neu',
währet der Winter bis zum Mai.

ZEIT ZUM EINWINTERN

Um nicht auf dem falschen Fuß erwischt zu werden, wird es für das Auto wie für den Garten höchste Zeit, die Winterausrüstung anzulegen. Das nun endgültig herabfallende Laub kann dabei in manchen Bereichen als isolierende Abdeckung genutzt werden. Für den abweichenden Fall steht wieder eine Beobachtung unserer Vorfahren parat:

Sitzt im November das Laub fest an den Ästen,
so kommt bald der Winter mit strengen Frösten.

FEIERN IM NOVEMBER

Am 11. November feiern die einen den Beginn des Karnevals, während vor allem Familien mit kleinen Kindern mit ihren Laternen singend dem berittenen St. Martin folgen, um sich den anschließenden traditionellen Gänsebraten zu verdienen.

St. Martin kommt nach alten Sitten
gern auf dem Schimmel angeritten,

... reimte der Volksmund. Mit dem »Schimmel« umschrieb er eine weiße Schneedecke. Doch in den letzten Jahren sah man den Heiligen zumeist eher auf einem »Braunen« daherkommen.

Zum Abschluss dieses Monats beginnt mit dem ersten Adventswochenende bereits die Vorbereitung auf die eigentliche Weihnachtszeit.

Allgemein

ÜBER DIE WINTERHÄRTE

Den meisten heimischen Gewächsen können selbst Tiefsttemperaturen von – 30 °C nichts anhaben. Lediglich junge und frisch gepflanzte Arten brauchen mehr Aufmerksamkeit bei der Wintervorbereitung. Beachten Sie auch, dass Zuchtsorten oft deutlich empfindlicher sind als ihre Ausgangsart.
Neben den wärmeliebenden Arten, die nur als (Balkon-) Sommerblume oder im Kübel kultiviert werden können, bereichern den Garten auch zahlreiche »Exoten«, die durchaus im Freien gedeihen, aber auf gewissen Winterschutz oder einen speziellen Standort angewiesen sind. Sie stammen vor allem aus Asien, wie der Pfirsich, die Herbstanemone oder Lilie; aus Nordamerika, z. B. Pampasgras, und dem Mittelmeerraum, wie unsere mediterranen Kräuter.

Den Stamm in Bast, die Krone in Jute gehüllt – so ist dieses Hochstämmchen für jede Wintermodenschau gerüstet.

RISIKO BEI RASCHEM WETTERWECHSEL

Neben den Minimaltemperaturen, die eine Pflanze ertragen kann (Frosthärte), ist ihre Winterhärte auch stark vom Witterungsverlauf abhängig.
Ein früher **Kälteeinbruch** strapaziert die Pflanzen viel mehr, als wenn sie bei langsam fallenden Temperaturen allmählich abhärten. Besonders abträglich sind stark **schwankende Temperaturen** (Frostrisse im Holz) oder anhaltende **Warmperioden** im (Spät-)Winter. Die Pflanzen stellen sich dann nämlich auf eine neue Wachstumsperiode ein und sind bei plötzlich einfallendem Frost äußerst anfällig.

SCHNEE ISOLIERT

Eine geschlossene **Schneedecke** ist für Stauden Balsam, denn unter ihr sinkt die Temperatur nicht weit unter den Gefrierpunkt. Immergrüne Gehölze wollen von erdrückenden Schneelasten befreit werden. Hinzu kommt, dass sie auch im Winter verdunsten und gegen **Frosttrocknis** anfällig sind, weil der gefrorene Boden kein Wasser liefert.

ANGEPASSTE PFLEGE

Mit der richtigen Pflege kann der Gärtner die Frosthärte seiner Schützlinge positiv beeinflussen. Alle mehrjährigen Pflanzen sollten ab spätestens Mitte August keine stickstoffhaltige **Düngung** mehr erhalten, um ein gutes Ausreifen zu gewährleisten. Kaliumdünger hingegen festigt die Pflanzenzellen und erhöht ihre Widerstandsfähigkeit gegen Frost.
Mit dem **Schnitt** wartet man bei Rosen und anderen empfindlichen Gehölzen tunlichst auf das Frühjahr. Frische Schnittstellen sind eine Angriffsfläche für den Frost, und die Triebe könnten über den Winter weit zurückfrieren. Lediglich welke und kranke Pflanzenteile sind regelmäßig zurückzustutzen.

WINTERSCHUTZDECKEN UND -MÄNTEL

Abdeckungen schützen empfindliche Pflanzen nicht nur gegen Kälte, sondern auch vor austrocknenden Winden und der Wintersonne.

Den natürlichsten Schutz von Wurzeln und bodennahen Pflanzenherzen liefert die Natur selbst: **Laub** isoliert sehr gut und dessen allmähliche Rotte belebt das Bodenleben. Der Nachteil ist, dass sich das Laub bei Wind wieder über den Garten verteilt, wenn man es nicht mit einer zusätzlichen Abdeckung fixiert.

Altbewährt ist die Abdeckung mit **Fichtenreisig.** Das dichte Astwerk bietet flachen Gemüsekulturen und Kleingehölzen Schutz und gibt ein natürliches Bild ab. Auch empfindliche Kletterpflanzen sind dankbar, wenn man sie mit Fichtenreisig ausstaffiert. Das Material lässt sich vielerorts günstig beschaffen. Eine praktische Quelle nach Weihnachten ist der ausgediente Christbaum.

VORGEFERTIGTE MATERIALIEN

Luftpolsterfolien isolieren sehr gut gegen Kälte und werden als Wurzelschutz um Kübel gewickelt, die im Freien verbleiben. Die Pflanzen selbst sollte man damit höchstens kurzfristig bedecken. Unter einer dauerhaften Foliendecke besteht die Gefahr, dass die Pflanzen mangels Luftzirkulation und Vernässung faulen. Besser geeignet sind luftdurchlässige Gewebe wie **Jute, Vlies** oder **Leintücher.**

Diese Materialien oder auch **Schilfmatten** u. Ä. eignen sich speziell für das Verpacken höherer Gewächse. Solche Verkleidungen müssen keineswegs hässliche Gebilde sein, die nur ihre Funktion erfüllen. Mit etwas Geschick, Fantasie und dem Zusammenspiel verschiedener Naturmaterialien lassen sich kunstvolle Skulpturen kreieren, die zum charmanten Blickfang im winterlichen Garten werden.

Für flachwüchsige Kulturen wie für Stämme und Kletterpflanzen hat sich Fichtenreisig als Deckmaterial bewährt.

Wurzeln im Gefäß sind vom Durchfrieren gefährdet. Solche juteverpackte Isolierungen sehen recht hübsch aus.

Ziergarten

SCHUTZBEDÜRFTIGE STAUDEN

Kälteempfindliche Stauden wie Japanische Anemone, Pfahlrohr, Indianernessel, mediterrane Kräuter oder die zweijährigen Maßliebchen und Goldlack finden unter lockerem Reisig oder Laub ausreichend Schutz vor Kahlfrösten. In schneearmen Gebieten leiden selbst die **Steingartenpflanzen** aus alpinen Regionen! Fehlt dagegen der natürliche Winterschutz, den sie aus ihrer ursprünglichen Heimat gewohnt sind, sind sie auf die Mithilfe des Gärtners angewiesen.

Damit das »Herz« des Pampasgrases nicht vernässt und fault, sollte man die Halme zusammenbinden.

Nicht die Kälte, sondern **winterliche Nässe** kann dem Pampasgras und der Fackel-, Schwert- und Palmlilie zu schaffen machen. Um das Eindringen der Feuchtigkeit ins Pflanzenherz zu verhindern, bindet man deren Blattschopf im oberen Drittel zu und häufelt die Basis mit etwas trockenem Laub an.

SPEZIALFALL ROSEN

Beetrosen kommen am besten durch den Winter, wenn man sie bis über die empfindliche Veredlungsstelle mit lockerem Substrat anhäufelt und eventuell mit Reisig abdeckt. **Hochstammrosen,** bei denen die Veredlungsstelle den Kronenansatz bildet, bekommen eine Kronenhaube aus Vlies oder Jute, die man mit etwas Reisig, Stroh oder Laub füllt. Da die Stämmchen samt Haube schon kleinen Schneelasten nicht gewachsen sind, brauchen sie eine stabilisierende Zusatzstütze (siehe Bild auf Seite 138).

FROSTTROCKNIS

Für **immergrüne Pflanzen** hingegen kann winterliche Trockenheit zum Verhängnis werden. Über ihr Blattkleid verdunsten sie auch in der kalten Jahreszeit ständig Feuchtigkeit. Wenn der Boden gefroren ist und kein Wasser mehr nachliefern kann, drohen sie zu verdursten. Die sogenannte Frosttrocknis lässt sich verhindern, indem man Bambus, Buchs, Kirschlorbeer, Rhododendron & Co. an frostfreien Tagen ausgiebig wässert. Wenn längere Frostperioden und hohe Sonneneinstrahlung zusammenkommen, lässt sich schon vorbeugend die Verdunstung senken, indem man die Kronen mit einem Vlies oder Jutegewebe beschattet. Grundsätzlich sind deshalb bei der Pflanzung von Immergrünen lichtschattige Standorte vorzuziehen.

WINTERSCHMÜCKER STEHEN LASSEN

Die meisten Beetstauden sind mit einem bodennahen Rückschnitt nach der Blüte bestens bedient, um im Frühjahr wieder gesund und munter austreiben zu können. Manche Arten wie Eisenhut, Brandkraut oder Fetthenne bilden aber reizvolle Samenstände aus, die wir den Winter über als Blickfang stehen lassen können und erst im Frühjahr zurückschneiden. Genauso handhaben wir es bei den Gräsern. In Schnee und Reif gekleidet, geben sie märchenhafte Winterbilder ab. Außerdem hält das alte Laub Kälte und Feuchtigkeit fern. Und wie bei den ebenfalls vom Schnitt verschonten Wildstauden freuen sich die Vögel über die Samen.

TEICH IM WINTER

In strengen Wintern kann das Wasser im Teich bis auf eine Tiefe von 80 cm zufrieren. Für Fische aus flacheren Gewässern gibt es dann nur zwei Möglichkeiten: Man verhindert mithilfe von Eisfreihaltern rechtzeitig, dass der Teich zufriert, oder die Wasserbewohner müssen umziehen. Mit einem Quartier im zimmerwarmen Aquarium tut man den Fischen allerdings keinen Gefallen, denn das bringt ihren natürlichen Rhythmus völlig durcheinander. Die bessere Lösung ist ein großer Behälter in einem frostfreien Raum im Keller, z. B. eine Regentonne oder die alte Badewanne.
Tropische Seerosen und andere Pflanzenexoten müssen nun ebenfalls ins Haus. Manche überstehen leichte Fröste, andere, wie z. B. die Wasserhyazinthe, sind anspruchsvoller und wollen den Winter über ins helle und warme Aquarium gesetzt werden.
Fische und Pflanzen, die im ausreichend tiefen Teich überwintern, brauchen laufend Sauerstoff. Den besorgen in der Regel (abgestorbene) Halme aus der Uferzone. Sie lassen Faulgase durch das Eis entweichen und leiten Sauerstoff in die Tiefe. Im nur spärlich bepflanzten Becken übernehmen andere Hilfsmittel den Gasaustausch: ein Bündel Staudenstängel oder Schilfrohre, eine Styroporplatte oder ein Strohballen, den man rechtzeitig ins Wasser stellt. Ist es dafür zu spät, kann der zugefrorene Teich mit heißem Wasser wieder »gelüftet« werden. Schlagen Sie das Eis niemals auf! Das stört die Winterruhe der Wasserbewohner, und die plötzlichen Druckwellen können sie ernsthaft verletzen.

Was sonst noch zu tun ist

- Solange der Boden nicht gefroren ist, kann man noch Gehölze und Stauden pflanzen.
- Letzte Gelegenheit, um Zwiebelblüher in den Boden zu bringen.
- Zwischen Stauden und auf Baumscheiben kann das Herbstlaub als Schutz liegen bleiben, von Rasen und Wegen ist es zu entfernen.
- Balkon- und Kübelpflanzen sind spätestens jetzt ihrer Winterhärte entsprechend zu schützen bzw. rechtzeitig einzuräumen.

Neben empfindlichen Pflanzen muss auch die Pumpe aus dem Teich geholt und frostsicher überwintert werden.

Nutzgarten

FROSTEMPFINDLICHE KULTUREN

Ausdauernde Kräuter dürfen vor dem Winter ausgeputzt, aber nicht mehr zurückgeschnitten werden, insbesondere die wärmeliebenden mediterranen Arten. Diese sind – ebenso wie die Erdbeerpflänzchen – auch für eine Schutzabdeckung dankbar.
Traditionell verwendet man dafür Fichtenreisig, aber auch Laub oder ein grober Stoff wie Jute erfüllt diesen Zweck. Im Gemüsebeet hat man sich an Vlies und Folie gewöhnt. Frei gewordene Beete kann man noch rasch mit dem Sauzahn oder mit der Grabgabel lockern; nur schwere Böden sollten von Zeit zu Zeit umgegraben werden. Auf alle übrige Beete können Sie für den Winter eine schützende Mulchschicht ausbringen.

In der Wärme

Wenn der Wurzelballen des Schnittlauchs durchgefroren ist, können Sie ihn in ein Gefäß setzen und bei kühler Zimmertemperatur antreiben. Auch Wurzelpetersilie lässt sich in dieser Weise nutzen, um im Winter frisches Grün zu produzieren. In einem beheizten Gewächshaus lassen sich noch Kohlrabi und Radieschen säen.

GESCHÜTZT IM FREIEN

Mangold kann während des kompletten Winters im Gemüsebeet verbleiben. Wenn Sie die äußeren Blätter entfernen und die Pflanzen mit Laub oder einem anderen Schutz abdecken, treibt er im Frühjahr wieder aus und kann nochmals beerntet werden, bevor er zu blühen beginnt. Dann allerdings wird er unbrauchbar. Andere robuste Wintergemüse wie Lauch, Rosenkohl und Grünkohl überdauern bis zum Verbrauch am besten im Einschlag.
Auch Feldsalat, Spinat und Radicchio 'Roter von Verona' können den Winter über auf dem Beet bleiben. Im Schutz von Vlies oder Folie gelingt dies weitgehend schadlos. Feldsalat lässt sich so – oder aus dem Frühbeet – fast den ganzen Winter über ernten. Der 'Holländische Breitblättrige' allerdings ist eine nicht winterharte Sorte und muss noch vor Einbruch der Frostperiode abgeerntet werden.
Im Frühbeet kann sogar noch ausgesät werden: Es gelingt mit Arten wie Löffelkraut, Salatrauke und Barbarakraut, die völlig winterhart sind. Außerdem mit Möhren: Eine jetzt ausgesäte Frühsorte wie 'Nantaise' keimt zwar nicht sofort, liefert aber zum ersten möglichen Termin zu Saisonbeginn frische Rüben.

Der knackige Winterportulak ist eine der frostharten Kulturen, die unter leichtem Schutz im Winter weiter wachsen.

Winterharte Kulturen wie der Spinat können im Frühbeet noch eingesät werden und wachsen an milden Tagen weiter.

OBSTGEHÖLZE PFLANZEN UND VERMEHREN

Solange der Boden nicht in der Tiefe gefroren ist, können noch robuste Obstgehölze wie Äpfel, Birnen, Kirschen, Pflaumen und die heimische Beerensträucher gepflanzt werden.
Für die vegetative Vermehrung können Sie von diesen Arten etwa 20–25 cm lange, gut ausgereifte Triebe als Steckhölzer schneiden. Bis zur Bewurzelung im Frühjahr schlägt man sie in Sand ein. Brombeeren und andere strauchige Arten lassen sich nun auch durch Absenker vermehren. Wildfrüchte wie Scheinquitte, Sauerdorn, Schlehe und Eberesche sollten etwas Frost abbekommen haben, bevor man sie erntet. Dadurch werden in ihnen enthaltene bitter schmeckende Substanzen wie die Gerbsäuren abgebaut.

SCHUTZ FÜR WURZELN UND STAMM

Das Abbürsten von Flechten, Moosen und loser Rinde von Hand mit einem geeigneten Kratzer oder mit der Eisenbürste mag unzeitgemäß erscheinen. Doch es ist eine sehr effektive baumhygienische Maßnahme, weil sich damit die Gespinste und Eigelege zahlreicher Schädlinge entfernen lassen, die im Schutz der Rinde überwintern würden. Deshalb sollten die abgebröckelten Rindenstückchen nicht einfach liegen gelassen, sondern aufgefangen und vernichtet werden.
Wenn Sie die Stämme der Bäume anschließend mit einem weißen (Kalk-)Anstrich versehen, sind sie auch weitgehend vor Frostrissen geschützt, die durch extreme Temperaturunterschiede innerhalb kürzester Zeit entstehen können. Besonders bewährt hat sich hier das Handelspräparat Preicobact. Junge Bäume auf nicht eingezäunten Wiesen sind durch Wildverbiss bedroht. Vorbeugend werden die Stämme gerne mit Kunststoff- oder Drahtmanschetten umwickelt. Dieser Schutz ist zuverlässiger als das Auslegen von sperrigem Schnittholz rund um den Stamm oder ein Anstrich mit Schweineschmalz; dessen Geruch soll das Wild fernhalten.

KEIN MULCH FÜR WÜHLMÄUSE

Insbesondere Himbeeren, aber auch zahlreiche andere Obstgehölze schätzen es, wenn ihre Wurzeln im Schutz einer kräftigen Mulchdecke überwintern.
Im Hinblick auf die Bedrohung durch Wühlmäuse sollte allerdings zumindest in unmittelbarer Umgebung von Obstbaum-Stämmen keine dicke Mulchschicht im Wurzelbereich ausgebracht werden, denn die Nager können im Winter gehörigen Schaden anrichten und würden durch den Mulch geradezu angelockt. Wenn feststeht, dass Haufen und Gänge bewohnt sind, können dort im Notfall Fallen oder Giftköder ausgelegt werden.

Geschnittene Steckhölzer schlägt man bis zur Verwendung im Frühjahr in Sand ein. Etikettieren nicht vergessen!

Lagerobst aufbewahren

EIGENE FRÜCHTE FÜR DEN WINTER

Das Kernobst sorgt dafür, dass uns auch während der Wintermonate heimische, selbst angebaute Früchte für die Vitaminversorgung zur Verfügung stehen. Insbesondere die späten Apfelsorten sind nämlich Lagersorten. In den meisten Fällen heißt das, dass man die Früchte nicht nur lagern kann, sondern lagern muss. Einerseits lassen sich die anfallenden Mengen kaum in kürzester Zeit verzehren, und andererseits werden viele dieser Sorten erst gewisse Zeit nach der Ernte genussreif. Auch einige Birnen sind lagerfähig, wenn auch wesentlich kürzer, wie 'Madame Verté' oder Alexander Lucas'. Da diese Früchte in der Regel weicheres Fleisch besitzen, sollte man sie für die Lagerung besser nicht völlig ausreifen lassen, sondern etwas früher ernten. Andernfalls ist ihre Haltbarkeit sehr begrenzt.

Idealerweise werden gesunde Früchte auf luftigen Stellagen einzeln ausgelegt, ohne dass sie sich berühren.

DIE EIGENSCHAFTEN DES IDEALEN LAGERRAUMS

Als Lager ideal wäre ein alter Keller mit offenem oder nur mit Tonziegeln belegtem Boden, aber die sind selten geworden. Daher konzentrieren wir uns bei der Suche auf einen nicht zu hellen, frostsicheren Raum, der im Übrigen möglichst kühl sein (nicht über 8 °C) und eine hohe Luftfeuchtigkeit aufweisen sollte.
Wenn es an Letztgenanntem mangeln sollte, lässt sich dies ganz einfach durch das Aufstellen eines Eimers mit Wasser beheben.

BITTE ABSTAND HALTEN!

Im Lager wäre anzustreben, dass Sie die Früchte einzeln ausliegen, ohne dass sie sich zu berühren, idealerweise in einem Regal mit luftdurchlässigem Lattenrost. Solche Abstände tragen nachweislich dazu bei, dass sich Fäulnisherde nicht so schnell im Bestand ausbreiten können. Vorbeugend sollten Sie allerdings schon bei der Auswahl peinlich genau darauf achten, dass keine Früchte mit Schlagstellen, Schädlings- oder gar Krankheitsbefall ins Lager kommen.

ERSATZ-MIETEN IM GARTEN

Ersatzweise können Sie auch eine Erdmiete graben, die durch ein engmaschiges Geflecht auf dem Boden gegen Mäusebesuch geschützt und durch eine rasch abnehmbare Abdeckung zugänglich ist. Oder Sie machen ein Frühbeet durch zusätzliche Isolierungen an Oberfläche und Seiten als Lager nutzbar.
Innerhalb von Isolierung und Schutzmaßnahmen sollte eine solche Miete gut mit Stroh oder alten Decken ausgefüttert werden, um dem Erntegut ein möglichst weiches Bett zu bieten.

Wichtige lagerbare Kernobst-Sorten

Obstart	Ernte	Lagerung
Äpfel		
'Brettacher', 'Roter Boskoop', 'Rheinischer Bohnapfel'	10	12–4
'Cox Orange', 'Prinz Albrecht von Preußen'	10	10–1
'Florina'	10	11–2
'Glockenapfel'	E. X	2–4
'Goldparmäne'	10	10–12
'Ontario'	10	1–5
'Pilot', 'Melrose'	10	12–5
'Rebella'	9–10	10–2
'Resi'	9	10–1
'Rewena'	9/10	11–3
'Topaz', 'Gloster', '(Roter) Berlepsch', 'Ananasrenette' 'Goldrenette von Blenheim'	10	11–3
'Winterrambour'	10	12–3
Birnen		
'Alexander Lucas'	10	11–12
'Conference', 'Tongern'	9–10	10–11
'Madame Verté', 'Gräfin von Paris'	10	12–1
'Vereinsdechantsbirne', 'Boscs Flaschenbirne'	10	10–11

TIPPS ZUR LAGERUNG

- Recht gut bewährt hat sich die Aufbewahrung von Äpfeln in durchsichtigen Folienbeuteln. Dabei dürfen Sie jedoch nicht vergessen, mit der Nadel einige Löcher in den Beutel zu stanzen.
- Äpfel scheiden Äthylen aus – Herbstsorten noch mehr als die Lagersorten. Deshalb sollte man beide Partien räumlich voneinander getrennt halten. Besonders die Lagerung neben Kartoffeln ist zu vermeiden, weil das Gas deren Austrieb anregt.
- Haselnüsse legt man zur Aufbewahrung – ebenfalls in einem kühlen Raum – am besten in feuchten Sand.
- Dasselbe gilt für Wurzelgemüse wie Möhren, Sellerie oder Rote Bete.
- Getrocknetes Erntegut wird am besten in dunkle Gläser oder Ähnliches verpackt, weil sich viele Wertstoffe unter Lichteinwirkung rascher verflüchtigen.
- Vergessen Sie nicht, abgepacktes Lagergut sorgfältig zu beschriften!
- Zahlreiche Gemüse- und Salatköpfe sind gut lagerbar, wenn man sie einzeln, aber mitsamt ihren Wurzeln sorgfältig in Zeitungspapier wickelt und in einem kühlen Raum aufbewahrt.

Die Aufbewahrung in Folienbeuteln hat sich bewährt. Dazu sticht man mit einer Nadel Löcher in den Beutel.

Dezember

Erst wenn alle Wintervorbereitungen abgeschlossen sind, kann sich der Gärtner ungestört auf die besinnlichste Zeit des Jahres freuen.

Den Anfang zahlreicher Lostage macht am 4. Dezember die heilige Barbara. Wenn man nun »ihre« Zweige von früh blühenden Obst- und Ziergehölzen schneidet, sollen sie pünktlich zum Weihnachtsfest blühen. Nur zwei Tage (6.12.) darauf bringt St. Nikolaus seine Gaben.

St. Luzia (13.12.) kürzt den Tag,
so viel sie ihn nur kürzen mag.

Derlei gereimte Sprüche stellen fest, dass nun die kürzesten, »dunkelsten« Tage des Jahres beginnen, um sich bis zur Wintersonnenwende am 21. oder 22. Dezember zu steigern. Der Tag mit der längsten Nacht ist gleichzeitig die Wende zum Guten – von nun an werden die Tage wieder länger!

Unmittelbar auf dieses symbolhafte Datum folgend, von dem an das Licht täglich zunimmt, hat die Christenheit den Geburtstag Jesu, den Heiligabend, auf den 24. gelegt. Und nur eine Woche danach beginnt auch kalendarisch das neue Jahr.

DER KLASSISCHE WITTERUNGSVERLAUF

Natürlich bringt der Dezember häufig schon ausgiebig Schnee. Und das darf er auch, wenn es nach den Bauern geht:

Kalter Dezember mit recht viel Schnee –
wächst im Jahr drauf viel Frucht und Klee.

Dieser Zusammenhang ist in zahlreichen Versen festgehalten, ebenso wie für den Umkehrschluss, zum Beispiel:

Ist Dezember mild mit viel Regen,
dann hat das nächste Jahr wenig Segen.

Die Beobachtungen zeigen uns allerdings, dass Schnee, der vor Weihnachten fällt, in den wenigsten Fällen auch bis zum Monatsende liegen bleibt. Im Gegenteil, der Winterbeginn geht häufig mit einer wärmeren Periode einher, sodass weiße Weihnachten eher die Seltenheit sind. Der Schnee kommt dann häufig erst zum Jahreswechsel zurück.

Weihnachten im Schnee –
Ostern im Klee.

Diese Weisheit kann auch umgekehrt gereimt werden und hat seinen Wahrheitsgehalt, zumindest in früheren Jahren, schon oftmals bestätigt.

Allgemein

ARBEITSGERÄTE EINWINTERN

Was für Pflanzen gilt, sollten Sie auch für Werkzeuge und Gartengeräte beherzigen: Gut gepflegt kommen sie schadlos durch die kalte Jahreszeit.
Wenn noch nicht geschehen, müssen jetzt Wasserleitungen, die ins Freie führen, abgedreht und entleert werden, sonst drohen Frostschäden. Gartenschläuche sind trocken aufzubewahren, genauso wie Gießaufsätze, Spritzgeräte, Pumpen etc.
Regentonnen, Wasser- oder Jauchebecken und Gießkannen werden ebenfalls entleert und entweder umgestülpt oder gut abgedeckt in den Winter entlassen. Wenn ein größeres Betonbecken gefüllt bleiben soll, stellt man kräftige Hölzer ins Wasser. Das Holz fängt den Druck des Eises ab, und der härtere Beton kann nicht springen.
Gut gepflegtes Gartengerät verspricht eine lange Lebensdauer und angenehmes Arbeiten. Befreien Sie Spaten & Co. von Erdresten und ersetzen Sie gebrochene Stiele.

Wenn Sie nach Saisonende die Werkzeuge pflegen und warten, sind sie zum nächsten Frühjahr sofort einsatzbereit.

Mit Stahlwolle rückt man rostigen Metallteilen auf die Pelle. Eine Ölmassage rundet die Pflege ab.
Bei Schnittwerkzeugen von Rasenmäher bis Gartenschere stellt sich die Frage, ob sie mal wieder geschärft werden müssen. Mit etwas Know-how und geeignetem Schleifstein gelingt das ganz gut, andernfalls sollten Sie einen Fachmann konsultieren.
Alle Werkzeuge und Utensilien sind möglichst trocken zu überwintern. Jetzt ist die Gelegenheit, den Werkzeugschuppen zu entrümpeln und Werkzeug, Töpfe, Schalen, Düngemittel usw. übersichtlich zu ordnen.
Der nächste Frühling kommt bestimmt! Wenn sämtliches Gartengerät wieder griffbereit und funktionstüchtig auf Sie wartet, ist die Vorfreude auf das neue Gartenjahr umso größer.

WEGE IM WINTER

Anstelle von Spaten und Dünger rücken bei Wintereinbruch Schneeschaufel und Streugut in den Vordergrund. Wege und Einfahrten müssen geräumt werden, doch wohin mit der weißen Pracht? Pflanzen fühlen sind unter einer Schneedecke zwar gut aufgehoben, doch allzu hoch sollten sie nicht aufgehäuft werden.
Im Gegensatz zum natürlich gefallenen, luftigen Schnee sind zusammengeschobene Haufen nämlich sehr schwer und fest. Unter solch hohen Wällen können die Pflanzen faulen oder ersticken. Verteilen Sie den Schnee lieber locker auf dem Rasen oder bauen Sie einen Schneemann – außerhalb des Beetes!
Streusalz belastet Pflanzen sowie Grundwasser und sollte daher bei unseren Räumarbeiten keine Verwendung mehr finden. Mittlerweile ist Salz auch in zahlreichen Kommunen verboten oder nur noch in Ausnahmesituationen erlaubt. Eine wirksame und schonende Alternative sind abstumpfende Streumittel wie Splitt oder Sand. Sie müssen dann im Frühjahr wieder abgekehrt werden.

Ziergarten

ADVENTSSCHMUCK

Pflanzen spielen die Hauptrolle in der weihnachtlichen Dekoration. Auf der Suche nach passendem Bastelmaterial erweist sich der Garten als eine wahre Schatzkammer. Verarbeitet werden zum Beispiel Koniferenzapfen, Trockenblumen, Moos, Äpfel, Nüsse, Kastanien, Hagebutten, Bucheckern …

Gestecke und Kränze wirken lebendiger, wenn man verschiedene Koniferenzweige verwendet und mit Efeuranken, Buchs, Mahonie oder Lorbeer kombiniert. Die Abwechslung macht's!

WELCHEN CHRISTBAUM?

Tannen und Fichten sind die am häufigsten verwendeten Weihnachtsbäume. Zur schnellen Unterscheidung hilft der Greiftest: Fichte sticht, Tanne nicht. Fichten sind etwas günstiger als Tannen, verlieren aber ihre Nadeln im warmen Raum eher. Da hilft auch kein Haarspray oder anderes Zaubermittelchen.

Der Zeitpunkt des Schlagens spielt übrigens eine untergeordnete Rolle. Bäume, die schon seit Wochen bei kalten Temperaturen gelagert werden, büßen gegenüber frisch geschlagenen Bäumen kaum an Haltbarkeit ein. Für kalte Außenbereiche oder kühle Räume mag demnach die günstigere Fichte sinnvoller sein.

Eine ungewöhnliche Variante ist die Kiefer. Sie wächst nicht immer ebenmäßig, aber bezaubert mit langen Nadelbüscheln und Waldduft. Außerdem nadelt sie erst nach drei Wochen.

Weihnachtsbäume werden zunehmend auch mit Ballen angeboten und nach den Festtagen ausgepflanzt. Dabei ist unbedingt an die Größe zu denken, die Koniferen erreichen können! Doch nur wo wirklich gestalterischer Bedarf besteht, macht eine solche Anschaffung Sinn. Geschlagene Bäume müssen auch andernfalls nicht als Wegwerfware betrachtet werden – das Reisig lässt sich nämlich ausgezeichnet als Winterschutzabdeckung fürs Beet verwenden.

WEIHNACHTLICHES BLÜHWUNDER

Barbarazweige sind eine fast vergessene Weihnachtstradition. Am 4. Dezember werden Kirschzweige geschnitten und in eine Vase gestellt, damit sie pünktlich zum Fest blühen. Zuverlässig öffnen sich die Knospen, wenn sie vor dem Schnitt schon etwas Frost abgekommen haben. Notfalls lässt sich der Kältereiz auch in der Gefriertruhe simulieren. Anschließend dürfen sich die Triebe ein paar Stunden im warmen Wasserbad vollsaugen. Stellen Sie die Zweige hell und warm auf, aber nicht auf der Heizung, denn dort vertrocknen sie. Wie bei Schnittblumen ist das Wasser regelmäßig zu wechseln.

Es müssen nicht immer die klassischen Kirschzweige sein: Auch Pflaume, Blut-Johannisbeere, Kornelkirsche, Apfel, Forsythie, Haselnuss und viele andere früh blühende Gehölze lassen sich antreiben. Allerdings variieren die Treibzeiten. Bei der Forsythie beispielsweise wartet man noch ein paar Tage, wenn sie nicht schon vor Weihnachten in voller Blüte stehen soll.

Kirschzweige, zu St. Barbara (4. Dezember) in die Vase geholt, blühen pünktlich zum Weihnachtsfest.

Nutzgarten

NUR DIE HÄRTESTEN ÜBERDAUERN

Auch die frosthärteren Kulturen unter Folie, wie Feldsalat, Zuckerhut und Endivien, sollten Sie nun abernten. Nachdem einige Frostnächte auf Grün- und Rosenkohl eingewirkt haben, kann man sie verarbeiten. Sie dürfen aber auch wie Lauch im Einschlag stehen bleiben, bis sie verbraucht sind. Wenn harte Fröste drohen, kann man sie zusätzlich mit Laub anhäufeln.

Im Frühbeet ist es einfacher, auch bei leichtem Frost und Schnee noch weiter zu ernten. Dort können Sie sogar noch Spinat und Feldsalat säen; sie kommen zwar erst gegen Winterende zur Ernte, gehören dann aber zu den ersten Vitaminlieferanten. Dabei erweist es sich als hilfreich, wenn man das Frühbeet vor heftigen Frostnächten zusätzlich isoliert und abdeckt.

VITAMINE VOM FENSTERBRETT

Da der Garten im Winter nur wenig zur Vitaminversorgung beitragen kann, lohnt es sich, auf einem Fensterbrett Keimsprossen zu ziehen – also hell und warm, aber bitte nicht über einem Heizkörper! Der Handel bietet neben einer großen Auswahl geeigneter Sämereien auch spezielle »Keimapparate« an.

Zum Einstieg sollten die bevorzugten Samen in lauwarmem Wasser quellen, notfalls auch in einem Einweckglas. Anschließend spült man nochmals durch und lässt die Samen gut abtropfen. In der Folge genügt es, die Keimschale täglich mit Wasser durchzuspülen, möglichst sogar zweimal. Im Übrigen sollten die Keimsprossen möglichst hell stehen. Wenn alles klappt, können Sie schon nach etwa einer Woche ernten.

Rosenkohl, Grünkohl und Lauch können in einem Einschlag bis zum Verbrauch im Freien bleiben.

GEWÄCHSHAUS-ANBAU IM WINTER

Wenn Sie über eine Beheizung verfügen, können Sie nicht nur durchgehend Feldsalat und Spinat anbauen, sondern auch Kohlrabi, Radieschen, Winterrettich, Zuckerhut und Wintersalat-Sorten wie 'John' oder 'Verna'. Voraussetzung für die erfolgreiche Winterkultur sind anhaltende Temperaturen von über 12 °C; andernfalls neigt der Salat zum Schossen.
Allerdings lagert das Erntegut bei winterlicher Gewächshauskultur viel gesundheitsschädliches Nitrat ein und kann es nicht mehr abbauen, was in erster Linie auf den Mangel an Licht zurückzuführen ist. Ein Zusatzlicht verbessert die Situation.

CHICORÉE-TREIBEREI

Die Chicorée-Wurzeln wurden ab Oktober (siehe S. 134) ausgegraben und in Sand geschichtet. Nun ist die Zeit gekommen, sie zur Ergänzung des winterlichen Speiseplans anzutreiben.
Dazu stellt man die Wurzeln nun dicht an dicht in einen Eimer oder ein ähnlich tiefes Gefäß und füllt etwa zu einem Drittel mit humosem Substrat auf. Dann wird kräftig gegossen, sodass die Erde gut feucht ist – aber ohne die Austriebe zu benässen und Staunässe zu erzeugen! Anschließend stellt man die Behälter in einen Kellerraum, in dem 12–18 °C herrschen, und deckt sie lichtdicht ab – z. B. mit schwarzer Mulchfolie. So lassen sie sich leichter beernten als unter vollständiger Erdabdeckung, wie es bei den früheren Sorten üblich war.

KRANKHEITSHERDE ENTFERNEN

Der Obstbaumkrebs lässt sich im unbelaubten Zustand gut erkennen. Einzelne Wunden sollten Sie großzügig ausschneiden. Stark befallene Äste sind 20 cm unterhalb der Befallsstelle abzusägen und zu vernichten. Die Wunden werden anschließend sorgfältig mit einem geeigneten Wachs versiegelt.

SCHNEIDEN UND SCHÜTZEN

Bei frostfreier Witterung kann man mit dem Auslichten und Verjüngen der Obstbäume beziehungsweise mit dem Winterschnitt der Beerensträucher beginnen. Besentriebe beispielsweise lassen sich im unbelaubten Zustand gut erkennen und können entfernt werden. Den Hauptschnitt führt man allerdings besser erst gegen Ende des Winters durch.
Im Herbst gepflanzte Obstgehölze sind empfindlich, vor allem wenn es sich um Hochstämmchen oder Pfirsichbäum drehte. Durch Abdeckung mit Jute oder Ähnlichem kann man sie gegen Austrocknung schützen. Auch ältere Pflanzen von Weinreben oder Kiwi sind für solche Maßnahmen dankbar.

EDELREISER GEWINNEN

Von allen Obstbäumen lassen sich während der Ruhephase Edelreiser gewinnen. Am besten schneiden Sie dazu aus einem gut belichteten Kronenbereich ausgereifte einjährige Triebe. Bis zur weiteren Verwendung werden sie gebündelt, etikettiert und an einem kühlen, vor direkter Sonne geschützten Platz in durchlässiges Substrat eingeschlagen.

Die im Winter so beliebten Chicorée-Knollen kann man im Keller aus vorgezogenen Wurzeln selbst antreiben.

Pflanzenschutz im Hobbygarten

ANGEMESSEN REAGIEREN

Als Gärtner hat man ja noch Verständnis dafür, wenn eine Pflanze schwächelt oder von einer geheimnisvollen Krankheit befallen ist. Solche Phänomene sprechen unseren Beschützerinstinkt an; wir versuchen zumindest eine Zeit lang alles Mögliche, damit es unseren Pflanzenschützlingen besser geht. Man hört sich sogar an, dass der Standort zu kalt sei, zu viel gedüngt oder die Pflanzabstände nicht eingehalten worden seien. Aber wenn wir Schädlinge an den Blättern und Blüten entdecken, gar schleimige Spuren von angeknabberten Pflanzenstümpfen ins Unterholz führen, dann kann die Contenance ganz rasch verloren gehen.

Dennoch sollten wir im eigenen Garten so viel Vernunft gewähren lassen, nicht gleich mit der Chemiekeule auf die vermeintlich Schuldigen einzuschlagen. Es gibt wesentlich subtilere Methoden, um die Schaderreger vorbeugend abzuwehren oder zurückzudrängen – und bei denen man nicht die eigene Wohnumwelt mit vergiftet. Meist muss man sich dazu ausführlich mit den Schädlingen, ihren Lebensbedingungen und ihren Gegenspielern beschäftigen. Am einfachsten ist es jedoch, befallene Pflanzenteile auszuschneiden und zu vernichten.

DAS BIOLOGISCHE GLEICHGEWICHT

In der Natur herrscht ein Fressen und Gefressenwerden, was wir uns im Garten zunutze machen können. Denn auch die Lebewesen, die sich an unseren Pflanzen laben, werden von anderen Organismen attackiert. Solche natürlichen Gegenspieler lassen sich zum Beispiel fördern, indem wir ihnen in unserer Umgebung geeignete Lebensbedingungen bieten.

Dazu muss man gar nicht die Lebensgewohnheiten jedes Schädlings im Detail kennen. Unzählige Insekten werden beispielsweise von Spinnen, Fröschen, Igeln, Singvögeln und etlichen anderen Helfern vertilgt. Durch Schaffung möglichst vielfältiger Lebensräume – eine Wildhecke, einen Wassergarten, eine Blumenwiese usw. – können wir diesen Tieren die Möglichkeit bieten, sich anzusiedeln.

In einem solchen System wird normalerweise keine Art komplett ausgerottet. Aber die Schadorganismen werden doch merklich beeinträchtigt, wodurch sie sich nicht in dem Maß ausbreiten können, dass es zu einem unerträglichen Massenbefall käme. Doch wie in der Natur, braucht auch dieser Regulationsprozess seine Zeit, da sich die Nützlingspopulation aufbauen muss.

Fraßspuren der Wühlmaus, wie an diesen Kartoffeln, verführen den Gärtner zu massiven Gegenmaßnahmen.

Schädlinge werden häufig durch natürliche Nützlinge unschädlich gemacht. Hier sieht man parasitierte Blattläuse.

BIO-HIGH-TECH ODER FALLENSTELLEN?

Es ist aber auch möglich, gezielt Gegenspieler einzusetzen, die von einem Spezialbetrieb extra für den Notfall-Einsatz gezüchtet wurden. Mittlerweile kann der Gärtner wie aus dem Kaufhaus-Katalog entsprechende Nützlinge bestellen, gegen Blattläuse und Spinnmilben, Schnecken, Dickmaulrüssler, gegen schädliche Raupen wie den Kohlweißling und den Apfelwickler. Am besten lassen Sie sich in einem Gartencenter oder von einem Lieferanten online über die Möglichkeiten und die exakte Vorgehensweise beraten.

Der Profi arbeitet sogar mit Insekten-Hormonen in feinsten Dosen, die entweder die Sexualpartner anlocken oder verwirren oder direkt die Vermehrung unterbinden. Die Möglichkeiten der Manipulation sind äußerst interessant, doch im Privatgarten nicht unbedingt effizient. Manchmal reicht aber auch ganz einfach eine mechanische Konstruktion. Wühlmäuse zum Beispiel können mittels einer Schnappfalle abgefangen werden. Schnecken lassen sich recht zuverlässig durch einen Schneckenzaun fernhalten. Bierfallen hingegen sind nicht empfehlenswert; sie locken langfristig mehr Schnecken an, als sie unschädlich machen (siehe S. 50).

RELATIV HARMLOSE PRÄPARATE

Unter den Präparaten, die gegen Pflanzenfresser und Fäulniserreger auf dem Markt sind, sollten die umweltfreundlichsten bevorzugt werden

- Das Mittel *Quiritox* zum Beispiel verhindert die Blutgerinnung der Wühlmäuse, sodass sie innerlich verbluten. Der Umwelt entsteht ansonsten kein Schaden.
- Das Schneckenkorn *Ferramol* ist ausreichend wirksam, aber im Gegensatz zu anderem »Schneckenkorn« für die übrigen Lebewesen und für die Umwelt ungefährlich und dadurch auch für den Anbau im Privatgarten vertretbar.
- Ähnliches gilt für Präparate auf der Basis von Schmierseife (Kaliseife).
- Schachtelhalm- bzw. Kieselsäure-Präparate stärken eindrucksvoll die Widerstandskraft der Pflanzen gegen Pilzbefall. Schwefel- oder Kupferpräparate können solche Krankheiten auch direkt bekämpfen.

Die Tatsache, dass ein Wirkstoff natürlichen Ursprungs ist – wie Pyrethrum oder Derris –, schließt leider nicht aus, dass er recht breitenwirksam giftig sein kann. Nicht einmal selbst hergestellte Kräuterpräparate sind davor ganz gefeit.

Pilzkrankheiten wie dem Mehltau (hier an Phlox) beugt man durch sachgerechte Düngung und Stärkungsmittel vor.

Oftmals helfen selbst hergestellte Pflanzenpräparate, zum Beispiel solche aus Schachtelhalm, gegen Pilzbefall.

Adressen, die Ihnen weiterhelfen

GARTEN-VERSANDHANDEL

Gärtner Pötschke
Beuthener Str. 4
41561 Kaarst
www.gaertner-poetschke.de

Conrad Appel GmbH
Bismarckstr. 59
64293 Darmstadt
www.conrad-appel.de

Baldur-Garten
Elbinger Str. 12
64625 Bensheim
www.baldur-garten.de

Dehner Gartencenter
Donauwörther Str. 5
86641 Rain am Lech
www.dehner.de

W. Neudorff GmbH KG
Postfach 1209
31857 Emmerthal
www.neudorff.de
(Pflanzenschutz und –hilfsmittel)

Gardena
Hans-Lorenser-Str. 40
89079 Ulm
www.gardena.com
(Gartentechnik)

SAATGUT

Thysanotus Samenversand
Schulweg 21
28876 Oyten
www.thysanotus-samenversand.de

Bruno Nebelung
Kiepenkerl Pflanzenzüchtung
Postfach 1263
48348 Everswinkel
www.kiepenkerl.de

N. L. Chrestensen
Erfurter Samen- und Pflanzenzucht
Witterdaer Weg 6
99092 Erfurt
www.gartenversandhaus.de

STAUDEN

Zwiebelblumen Albrecht Hoch
Potsdamer Str. 40
14163 Berlin
www.albrechthoch.de

Staudengärtnerei Alpine Raritäten
Jürgen Peters
Auf dem Flidd 20
25436 Uetersen
www.alpine-peters.de

Stauden-Junge
Inh. Matthias Großmann
Seeangerweg 1
31787 Hameln
www.bluetenblatt.de

Staudengärtner Klose
Rosenstr. 10
34253 Lohfelden
www.staudengaertner-klose.de

Küpper Blumenzwiebeln
Hessenringe 22
37269 Eschwege
www.kuepper-bulbs.de

Kayser & Seibert
Odenwälder Pflanzkulturen
Wilhelm-Leuschner-Str. 85
64380 Rossdorf
www.kayserundseibert.de

Staudengärtnerei Schöllkopf GbR
Gewand Heckwiesen
72770 Reutlingen-Betzingen
www.staudengaertnerei.net

Staudengärtnerei Gräfin von Zeppelin
Weinstr. 2
79295 Sulzburg-Laufen/Baden
www.graefin-v-zeppelin.com

extragrün
Am Anger 6
85356 Freising-Attaching
www.extragruen-freising.de

Staudengärtnerei Gaissmayer
Jungviehweide 3
89257 Illertissen
www.gaissmayer.de

Praskac Pflanzenland
A-3430 Tulln/Donau
www.praskac.at

Stauden Feldweber
A-4974 Ort im Innkreis
www.feldweber.com

Sarastro-Stauden Christian Kress
Ort 131
A-4974 Ort/Innkreis
www.sarastro-stauden.com

Bund deutscher Staudengärtner (BdS)
Godesberger Allee 142-148
53175 Bonn
www.stauden.de

KRÄUTER UND DUFTPFLANZEN

Gärtnerei helenion
Kleine Str. 2a
17291 Grünow
www.helenion.de

Rühlemann's Kräuter & Duftpflanzen
Auf dem Berg 2
27367 Horstedt
www.kraeuter-und-duftpflanzen.de

herb's
Bioland Gärtnerei & Pflanzenversand
Stedinger Weg 16
27801 Nuttel
www.herb-s.de

Syringa
Kräuter und Duftpflanzen
Bachstr. 7
78247 Hilzingen-Binningen
www.syringa-samen.de

Bio Gärtnerei
Christian Herb
Heiligkreuzerstr. 70
87439 Kempten
www.bio-kraeuter.de

Mussärol / Bamberger
Kräutergärtnerei
Nürnberger Str. 86
96050 Bamberg
www.biokraeuter.info

ROSEN

W. Kordes´ Söhne
Rosenstraße 54
25365 Klein Offenseth-Sparrieshoop
www.kordes-rosen.com

Rosenwelt Tantau
Tornescher Weg 13
25436 Uetersen
www.rosen-tantau.de

Noack-Rosen
Im Fenne 54
33334 Gütersloh
www.noack-rosen.de

Rosenhof Schultheis
Bad Nauheimer Str. 3-7
61231 Bad Nauheim-Steinfurth
www.rosenhof-schultheis.de

F. M. Westphal
Clematiskulturen
Peiner Hof 7
25497 Prisdorf
www.clematis-westphal.de

GEHÖLZE

Baumschule und Pflanzenhandel
Lorenz von Ehren GmbH & Co. KG
Maldfeldstr. 4
21077 Hamburg
www.lve.de

Baumschule Horstmann
GmbH & Co. KG
Bergstr. 5
25582 Hohenaspe
www.baumschule-horstmann.de

Wörlein Baumschulen
Baumschulweg 9
86911 Dießen am Ammersee
www.woerlein.de

Bambus-Centrum Deutschland
Baumschule Eberts
Saarstr. 3-5
76532 Baden-Baden
www.bambus.de

OBSTGEHÖLZE

Hermann Cordes
Baumschulen
Pinneberger Str. 247a
25488 Holm/Holstein
www.cordes-apfel.de

Garten-Center Sängerhof
Postfach 1208
53334 Meckenheim
www.saengerhof.de

Obstbaumschule Ganter OHG
Baumstr. 2
79369 Wyhl
www.obstbau.de

Baumgartner Baumschulen
Gerhard Baumgartner
Hauptstr. 2
84378 Nöham
www.baumgartner-baumschulen.de

Baumschule Hofmann
Hauptstr. 36
91094 Langensendelbach
www.baumschule-hofmann.de

Häberli AG
CH – Neukirch-Egnach
www.haeberli-beeren.ch

RASEN

Wolf-Garten GmbH & Co. KG
Industriestr. 83-85
57518 Betzdorf
www.wolf-garten.com

BODENUNTERSUCHUNGEN

Auskunft über Institutionen in Ihrer Nähe erteilt:
VDLUFA
c/o LUFA Speyer
Obere Langgasse 40
67346 Speyer
www.VDLUFA.de

Stichwortverzeichnis

Seitenzahlen mit * verweisen auf Abbildungen

ADR-Prüfung 81
Algen im Teich 103
Ameisen 89
Äpfel 107, 119
Apfelernte 121
Apfelwickler 119
Auberginen 44
Aussaat, Anleitung 23, 24
Aussaaterde 22
Aussaatgefäße 24

Bachlauf 82
Bacillus thuringiensis 119
Balkon, Erstbepflanzung 27
-, Herbstbepflanzung 104
-, Sommerbepflanzung 84
-, Winterbepflanzung 129
Balkonkasten ausputzen 27
Balkonkasten bepflanzen 69, 70
Balkonpflanzen 42, 58, 71, 94, 105, 117
Balkonpflanzen abhärten 58
- umtopfen 42
- vermehren 105
- wässern 94
-, Übersicht 71
Barbarazweige 149
Baumscheibe 45
Beerenobst 97, 109, 135
Beerenobst, Schnitt 97
Beerensträucher auslichten 30
Beete vorbereiten 43
Beetgestaltung 54, 55
Beetrosen 80
Begleitstauden 55
Begonien überwintern 16
Bewässerung 76
Bewässerungssysteme 91, 92
Birnen 107, 108*
Birnengitterrost 87
Blattläuse 64, 64*
Blattstecklinge 34*
Blumenbeete 54
Blumenkohl 17
Blumenwiese 56
Boden pH-Wert 36
Boden umgraben 124
Bodenbearbeitung 35, 36, 124
Bodenprobe 35, 36
Bodenvorbereitung 46
Bohnen 19
Brokkoli 95
Brombeeren 109
Buchs 78*, 79
Bügelhacke 90*
Buschbohnen 72, 72*

Canna 67, 127
Chicoreé 134, 151
Chinakohl 119
Clematis 114
Cosmeen 40*

Dahlien 38, 67, 127
Dahlien überwintern 16
Dicke Bohne 28, 43
Dill 98
Duftgeranien 94
Düngemittel 51

Edelreiser 151
Efeu-Geranien *(Pelargonium-Peltatum-Hybriden)* 94
Eibe 78
Einzelnährstoffdünger 52
Eisfreihalter 13*
Eissalat 43
Elfen-Krokus *(Crocus tomasinianus)* 25
Endiviensalat 119
Englische Rosen 80
Erbsen 19, 59, 60*
Erdbeeren 45, 61, 73, 87, 96, 106, 119
Erdmiete 144

Fächerpalme 131*
Farbgestaltung 54
Farbkreis 54
Feldsalat 17, 28, 105, 142
Florfliege 77*
Flüssigdünger 84
Folientunnel 133*
Formschnitt 78
Forsythie 26
Freilandaussaat 28, 43
Freilandsaaten, Gemüse 59
Frostgare 124
Frosthärte 138
Frostrisse 138
Frostschutz 118
Frostspanner 119
Frosttrocknis 140
Fruchtfolge 22, 46
Fruchtgemüse 121
Fruchtwechsel 46
Frühbeet 17, 28, 44, 142, 150
Frühjahrsblüher 13, 27, 55
Frühlings-Alpenveilchen *(Cyclamen coum)* 25
Füllpflanzen 55

Gartengestaltung 14, 15
Gartenplanung 15, 22
Gartenteich 82, 103, 141
Gehölze pflanzen 112
Geißblatt 13*
Gemüse, Aussaat im Mai 72
-, Aussaat Juni 85
-, Bedarfsplanung 18
-, letzte Freilandsaaten 118
-, Nachbarschaften 47
Gemüse, Saattermine 19
-, Vorkultur 23, 44, 59
Gemüseeinschlag 17
Gemüsefliegen 59
Geranien 13, 58, 94
Geranien überwintern 129
Gewächshaus 17, 18, 23, 28, 44, 73, 77, 95
Gewürzkräuter 60

Stichwortverzeichnis

Gießen 76
Gladiolen 16, 67
Gräser 127
Grubber 36*
Gründünger 28, 46, 105, 135
Grünkohl 59, 134
Grünspargel 44
Gurken 72, 59*

Haselnüsse 135
Hechtkraut 83, 83*
Hecken 13, 39
-, frei wachsende 39
Heckenschnitt 38, 92
Heidelbeeren 109
Herbst-Astern 127
Himbeeren 109, 109*, 119, 135
Himbeerkäfer 73
Hochstammrosen 140
Hornmehl 53
Humus 36

Immergrüne Gehölze 26
Indisches Blumenrohr *(Canna)* 16, 38

Johannisbeeren 97*, 109
Josta 109
Junifruchtfall 87

Kalkanstrich 29, 143
Kaltkeimer 13, 26
Kapuzinerkresse 41*
Keimsprossen 150
Keimtest 22
Kernobst 31, 145
Kirschen 108
Kirschfruchtfliegen 73
Kirschlorbeer 78
Kletterrosen 53, 80
Klima 7, 8
Knoblauch 118
Knollenbegonien 42, 67, 117
Knollenfenchel 59
Kohlgemüse 19
Kohlrabi 17, 28, 43
Kokardenblume 40*
Kompost 95, 125 ff., 126
Kopfkohl 28
Kopulation 45
Kornelkirsche *(Cornus mas)* 33
Kräuter 44, 60, 72, 98, 99, 118, 135
Kräuterernte 86, 95
Kresse 17, 28
Krokus 25
Kübelpflanzen 27, 42, 84
Kübelpflanzen überwintern 16, 130, 131
Kürbis 72

Lauch 43, 60, 72, 119
Lauchmotte 106, 106*
Leguminosen 19
Leimringe 45
Leitstauden 55
Lochfolien 43

Mairüben 72
Mangold 43, 59, 72, 142
Marienkäferlarve 64*
Meerrettich 44, 99
Mehrnährstoffdünger 51
Melde 28
Miniteich 83, 83*
Mischkultur 22, 46, 47
Mistbeet 28
Möhren 43
-, Keimrate 29
Mondkalender 29
Moos im Rasen 66
Mulch 90, 124

Nährstoffmangel 52
Netzschwefel 60
Neuseeländer Spinat 59, 72
Nützlinge 77

Obst 17, 29, 30, 45, 143
-, Ernte 106, 120, 135
-, Frühjahrspflanzung 45
-, lagern 144
-, pflanzen 107
-, Schnitt 45, 106
-, Steckhölzer 61
-, Unterlagen 107
-, veredeln 61
Obstbaumkrebs 45*, 151
Oleander 132*

Pak Choy 96*
Paprika 44, 72
Pastinaken 43
Pendelregner 92
Petersilie 17, 43, 59, 95
Pferdemist 28
Pfirsich 73, 96*
Pflanzabstände 47
Pflanzenjauchen 102
Pflanzennährstoffe 51
Pflanzenschutz 102, 153
Pflanzenskulpturen 78, 79
Pflanzenwurzeln 35
Pflanzerde 58
Pflanzfolien 43
Pflanzgefäße 42
Pflaumen 108, 108*
Preiselbeeren 109

Radieschen 17, 28, 43, 85*
Rambler 53
Rasen 56
Rasen belüften 26, 65
Rasen säen 57
Rasenpflege 65 ff.
Rasenschäden 66
Rasentypen 56
Regentonne 91
Rettich 17, 28, 43
Rhabarber 29, 44, 95, 118, 135
Rhododendron 68, 68*, 79
Rindenbehandlung 29

Stichwortverzeichnis

Rollrasen 57
Rose 'Belvedere' 80*
Rosen 37, 38, 80 ff., 128
Rosenkohl 59, 72, 134
Rosenkrankheiten 81
Rosenschnitt 53, 81
Rosmarin 133*
Rote Bete 43, 59
Rote Johannisbeeren 17

Saatgut 22
Saatgutmischungen 56, 57
Saattermine 19
Salat 18, 06
Salbei *(Salvia farinacea)* 41*
Salweide *(Salix caprea)* 33
Sauerkirschen 108
Säzwiebeln 43
Schädlinge 152
Schalotten 106
Schlangengurken 73
Schmuckkörbchen 40*
Schneckenbekämpfung 50
Schnee, Nutzen von 11
Schneebruch 12
Schneeglöckchen 21, 25*
Schnitthecke 39, 93
Schnittlauch 134*
Schwarzwurzel 43
Schwimmblattpflanzen 83
Sellerie 28, 44, 59, 72
Sommerblumen 26, 38, 40 ff., 53, 67
-, Saattermine 41
-, Vorkultur 23
Spalierobst 109
Spargel 86
Spätfröste 73
Spätgemüse 105
Spinat 17, 28, 43, 59, 142, 142*
Spurenelemente 51
Stachelbeeren 17, 61, 109
Stammschattierung 12
Starkzehrer 72
Stauden 26, 37, 38, 92
-, pflanzen 114
-, schneiden 92
-, teilen 37
-, Winterschutz 140
Steckhölzer 29, 34
Stecklingsvermehrung 34
Stickstoff 37, 52
Stiefmütterchen 38*
Stockrose 41
Strauchrosen 53, 80
Streusalz 148
Strukturpflanzen 55
Sumpfpflanzen 83
Süßkirschen 97
Süßkirschen befruchten 61

Teekräuter 106
Teichpflanzen 83
Tomaten 44, 72, 85, 86, 118, 119, 121, 134
Tomaten ausgeizen 95*
Tongefäße reinigen 42
Topinambur 44
Tröpfchenbewässerung 91*

Umveredeln 61
Unkraut 90

Vertikutieren 65
Vogelbrutzeit 50
Vogelfütterung 12
Vogelnistkasten 26

Walnüsse 135
Wassergarten 82
Wasserpflanzen 83
Wasserspiel 83
Weihnachtsbaum 149
Weinbauregion 8
Weißkohl 17
Werkzeug 26, 148
Wespen 97
Wiesenschnaken-Larven 66*
Wildgehölze, heimische 39
Wildkräuter 90
Wildstauden 38
Winter-Heckenkirsche *(Lonicera x purpusii)* 26
Winter-Schneeball *(Viburnum x bodnantense)* 25
Winterblüher 11
Winterfütterung 12
Wintergemüse 17, 19, 133
Winterhärte 138
Winterkopfsalat 17*, 28
Winterportulak 142*
Winterpostelein 17
Winterquartier 16
Winterschnitt 29
Winterschutz 37, 53, 139
Wühlmäuse 116, 143, 152
Wundverschlussmittel 12, 31
Wurzelgemüse 18, 121
Wurzelscheiben 61, 73
Wurzelschnitt 112

Zaubernuss *(Hamamelis)* 25, 25*
Ziergehölze auslichten 13
Zucchini 19, 72, 121
Zuckermais 72
Zweijährige 37
Zweijährige, Aussaat 78
Zwiebeln 105, 105*
Zwiebelpflanzen 67, 115 f.
Zylinderputzer 131*

Bildnachweis
Baumjohann: 12, 20, 22, 25r, 30l, 34, 35r, 37, 38ul, 38ur, 41, 45, 52, 53, 56l, 57, 58, 59, 64r, 65r, 66l, 68, 77l, 79, 87, 90l, 97, 99l, 102, 106, 114, 118r, 119, 127, 128, 134l, 142, 143l, 145, 152, 153
Diez: 28, 32, 44l, 46, 47, 48, 50, 85, 95, 99r, 143
emer-Fotolia.com: 25l
Fotolyne-Fotolia.com: 131l
Friedberg-Fotolia.com: 121
Fuchs: 40, 83r
GBA/Engelhardt: 67
GBA/GPL: 39r, 60
GBA/Nichols: 14, 54l
GBA/Noun: 43, 73, 88, 126
GBA/Schröder: 55l, 72
MMGI/Marianne Majerus: 96r
Redeleit: 2/3, 9, 13r, 26, 29r, 35l, 36, 44r, 65l, 66r, 77r, 91, 93l, 96l, 103, 105r, 124, 125l
Reinhard: 6, 7, 8, 10, 13l, 15l, 18, 23l, 30r, 31l, 51, 61, 64l, 69, 74, 78, 82, 86r, 90r, 92l, 98, 105l, 107, 109, 122, 125r, 130, 132, 133, 142l, 144, 148, 150, 151
Sternstunden/Shutterstock: 1
Strauß: 5, 15r, 16, 17, 23r, 24, 27, 29l, 38o, 39l, 42, 54r, 62, 70, 76, 80, 81, 83l, 84, 86l, 92r, 93r, 94, 100, 103r, 104, 108, 110, 112, 113, 115, 116, 117, 118l, 120, 129, 131r, 134r, 136, 138, 139, 140, 141, 146, 149,
www.gartenfoto.at: 55r, 56r

Grafiken:
Bespaluk: 115
Janiček: 31

Bibliografische Information der Deutschen Nationalbibliothek

Die Deutsche Nationalbibliothek verzeichnet diese Publikation in der Deutschen Nationalbibliografie; detaillierte bibliografische Daten sind im Internet über http://dnb.d-nb.de abrufbar.

BLV Buchverlag GmbH & Co. KG
80797 München

Umschlaggestaltung: Kochan & Partner, München
Umschlagfotos: Vorderseite: Gettyimages/Taxi/Garry Wade;
Rückseite: Sternstunden/Schutterstock (li.), Reinhard (re.)

Lektorat: Dr. Thomas Hagen, Wolfgang Funke
Herstellung: Angelika Tröger
Layoutkonzept Innenteil: Angelika Tröger
DTP: Agentur Walter, Gundelfingen

Gedruckt auf chlorfrei gebleichtem Papier

Printed in Italy
ISBN 978-3-8354-0780-0